U0131679

以经济的思维看世界，世界会变简单

ECONOMICS

一个
懂经济的朋友
ECONOMICS

钱明义 著

台海出版社

图书在版编目（CIP）数据

一个懂经济的朋友 / 钱明义著 . -- 北京：台海出

版社，2022.2

ISBN 978-7-5168-3193-9

Ⅰ.①一… Ⅱ.①钱… Ⅲ.①经济学—通俗读物

Ⅳ.① F0-49

中国版本图书馆 CIP 数据核字（2022）第 016772 号

一个懂经济的朋友

著　　者：钱明义

出 版 人：蔡　旭　　　　　　　　装帧设计：天之赋 设计室 QQ:81628227

责任编辑：姚红梅

出版发行：台海出版社

地　　址：北京市东城区景山东街 20 号　邮政编码：100009

电　　话：010-64041652（发行，邮购）

传　　真：010-84045799（总编室）

网　　址：www.taimeng.org.cn/thcbs/default.htm

E－m a i l：thcbs@126.com

经　　销：全国各地新华书店

印　　刷：三河市祥达印刷包装有限公司

本书如有破损、缺页、装订错误，请与本社联系调换

开　　本：710 毫米×1000 毫米　　　1/16

字　　数：185 千字　　　　　　　印　　张：15

版　　次：2022 年 2 月第 1 版　　　印　　次：2022 年 3 月第 1 次印刷

书　　号：ISBN 978-7-5168-3193-9

定　　价：48.00 元

版权所有　　翻印必究

前 言

Preface

在日常生活中，我们可能经常会听到或看到一些与经济相关的词语，如贸易战争、人民币贬值、钱荒、股灾，以及金融危机、经济寒冬、P2P暴雷……对于这些词语，许多人都似懂非懂，说不清楚它们到底和生活有什么关系，却也知道它们至关重要。

到底什么是经济呢？简单来说，就是人们生产、流通、分配、消费一切物质精神资料的总称。在这一动态整体中，生产是基础，消费是终点。为了研究人类社会在各个发展阶段上的各种经济活动和各种相应的经济关系以及运行、发展的规律，经济学应运而生。所以说，经济并不是简单、枯燥的数字堆砌，也不只跟国家的发展挂钩，它真实地存在于社会的各个领域，发生在日常生活中的每一天、每一刻，与每一个人息息相关。

仔细想想，是否存在这样的情况：你可能从来没有关心过国民产出，但你一定关心如何让自己的资产保值和增值；你可能对市场经济不够了解，但你一定想知道如何避免落入商家的消费陷阱；你可能没有听过权衡取舍的原理，但你一定希望在面对"鱼和熊掌不可兼得"的处境时，能够作出客观理性的决策，让自己获得最大的收益。

回想一下，这样的情景是否熟悉：望着超市收款台前一条条的长队，你会判断哪一条队伍前进的速度更快，能够提高自己结账的效率；面对家庭的闲置资产，你会思索要选择哪一种或哪几种投资方式，当下最适合投资的品类是什么；面对激烈的职场竞争，你会考虑是下工夫弥补自身短板，还是选择发挥自己的相对优势；面对相处三年的恋人，你会斟酌与之走进婚姻是不是正确的决定。

生活无处不经济，衣食住行皆学问，规律往往就隐藏在日常的点滴之中。

为了让更多的朋友了解经济常识，感受经济学在生活中的呈现与实用价值，我们精心策划了这本书。全书从最基础、最常用的经济关键词入手，以简单、实用、接地气的方式，结合生活中常见的问题和现象，引导大家了解经济，理清生活背后隐藏的经济原理，在眼花缭绕的世界里让你保持一分清醒和理性。

我们不求成为专业的经济学人士，但有必要学会像经济学家一样思考，不被事物的表象迷惑。说到底，人生就是由一连串选择构成的，我们需要且有必要借助经济常识，帮助自己在面对重要的选择时作出理性的决策，不因感情用事而被生活的洪流淹没。

目 录
Contents

CHAPTER 3 ｜ **权衡取舍：一切选择皆有代价**

CHAPTER 1

基本假设：人是理性且自私的吗

　　每个人都不断努力为自己所能支配的资本找到最有利的用途。当然，他所考虑的是自身的利益。但是，他对自身利益的关注自然会，或者说必然会使他青睐最利于社会的用途。这就像"有一只无形的手"在引导着他，去尽力达到一个他并不想要达到的目的。

——亚当·斯密

人的一切行为都是为了利益的获取

长期以来，人们对于经济学存在着一些误解，以为这是一门枯燥无趣、晦涩难懂的学科，并将货币视为经济学的主题。实际上，经济学真正的主题内容是理性，其隐而不彰的深刻内涵是人们理性地采取行动的事实。尽管经济学的假设有多个，但最为根本的只有一个——理性经济人假设。

理性经济人假设认为，人具有完全的理性，在给定约束下追求自己利益的最大化。这一理论源于英国经济学家亚当·斯密在《国富论》中的一段话："我们每天所需要的食物和饮料，不是出在屠户、酿酒家和面包师的恩惠，而是出于他们自利的打算。我们不说唤起他们利他心的话，而说唤起他们利己心的话，我们不说我们自己的需要，而说对他们有好处。"

理性经济人的含义强调了两个关键点：

其一，自利，即追求个人利益最大化；

其二，理性，即人会审时度势地判断，做出有利于实现自身利益最大化的选择。

举个最简单的例子：在没有任何限制的条件下，人们出于利己的目的，可能会无条件地向大自然索取而不思回报。例如，想要用木材就随意地砍伐树木，直到砍完地球上的最后一棵树。但人类有这样做吗？没有。因为人类知道，如果把地球上所有的树木都砍伐了，人类自身也就毁灭了，这是一个生物链的问题。所以，人类选择保护森林，甚至退耕还林。

在经济学家眼里，这样的行为不被认为是"善"，只是出于利己的目的所做的选择。因为理性经济人是自利的，始终以自身利益的最大化作为自己的追求。当一个人在经济活动中面临多个不同的选择机会时，他总是倾向于选择能够给自己带来更大经济利益的那个机会。

倘若不了解理性经济人假设，在报纸上看到"1美元出售宝马车"的广告时，你一定会认为这是一个玩笑。事实上，这样的情况在现实中是有可能发生的。

纽约的一位妇人，就曾在多家报纸上刊登过"1美元出售宝马车"的广告，多数人都觉得是无稽之谈，也就没有理会。只有一位刚毕业的大学生约翰，带着试探性的心理联系了卖宝马车的妇人，结果捡到了便宜。

妇人告诉约翰，她的丈夫去世了，所有的遗产都是她的，唯独那辆宝马车属于他的情妇。根据丈夫的遗嘱，这辆车要被拍卖，所得款项归他的情妇所有。妇人当然不愿意让丈夫的情妇获得大笔的遗产，所以就选择了1美元出售那辆宝马车。

无论一个人的行为是成功地为个体带来正的经济利益的流入，还是带来负的经济利益的损耗，在做出决策的时候，他都是理性经济人。可能有人会提出疑问：如果人人都是理性经济人，都是理性且自利的，那会不会影响社会秩序呢？

对于这一问题，亚当·斯密给出的回答是："他追求自己的利益，往往使他能比在真正处于本意的情况下更有效地促进社会的利益。"换而言之，如果人人都是理性经济人，就如同被一只看不见的手牵引着，更能在客观上维护社会的秩序。

知名连锁企业沃尔玛，之所以能做到全球零售商第一，其秘诀就是卖得比别家便宜。在同等质量的前提下，低价会对消费者产生更大的吸引力，因为从沃尔玛买东西能省钱，消费者实现了自身利益最大化。

对于沃尔玛公司来说，它创办企业的初衷当然不是为了给消费者省钱，而是为自己的股东赚钱，为了实现企业利益的最大化。如果它想要自己发展得更好，就得跟其他同类企业竞争，就要物美价更廉。于是，沃尔玛就不期然地促进了原本并没有打算增进的消费者利益。

作为芸芸众生中的平凡人，经济人假设同样能在生活层面带给我们一些启示，比如利用这一理论分析他人行为的真正动机，运用利己心来说服别人；提醒我们克制内心的不理性因素，用理性、逻辑来分析现实问题和现象，做出对自己最有利的选择。

掩耳盗铃的小偷是理性经济人吗

在经济学中，所有人都被假设为理性经济人，这一假设是经济学的根基。如果没有这种假设，我们就无法认识经济规律，更不可能制定出切实可行的经济政策。然而，理性经济人终究只是一种人性假设，在现实生活中，人不可能时时处处以经济人的视角观察世界。

《吕氏春秋·自知》里有一则掩耳盗铃的故事，想必大家已耳熟能详：

春秋时候，晋国世家赵氏灭掉了范氏，有人想趁机到范氏家偷点东西。进门后，看到院子里吊着一口做工精良的大钟，就想把它搬回自己家去。钟又大又重，并不好搬，小偷思量了一番，决定把钟敲碎，再一块一块地搬回家。

小偷找来一把大锤子，拼命地向钟砸去，结果"咣"的一声巨响，把他吓了一跳。小偷慌了，担心别人听到钟声后发现他，就张开双臂扑到钟上，试图捂住钟声。可钟声怎么捂得住呢？大钟发出的声响再次传向远方。

小偷越听越害怕，不由自主地捂住了自己的耳朵。嘿，钟声竟然变小了！小偷很高兴，赶紧找来两个布团，把耳朵堵住，心想：这回谁也听不见钟声了！接着，他就开始肆意地砸钟，巨大的声响传到四面八方，人们听到动静后蜂拥而至，把小偷抓了个现行。

读书时学习这篇文章，领悟的深意大都是不要自欺欺人。实际上，如果从经济学角度去看，小偷虽然愚笨到令人发笑，但他也是一个理性经济人。

为什么这样说呢？首先，小偷想把大钟偷回家，这是为了让自己获得利益，但由于钟太大，他做出了把钟砸碎的决策；接着，小偷发现砸钟的响声太大，为了阻止钟声散播，避免自己被发现（同样是为自身利益考虑），他又选择堵住自己的耳朵。在整个偷钟的过程中，小偷始终都在寻求自身利益最大化，其所作所为也是在特定资源环境下"理性选择"的结果。

既然小偷是一个理性经济人，为什么大家并不觉得他精明，反而嘲笑他愚笨呢？

这就涉及了经济学中的"有限理性人"假设的概念。

20世纪50年代之后，人们认识到建立在"理性经济人"假设之上的完全理性决策理论只是一种理想模式，不能够指导实际中的决策。美国管理学家、社会科学家、决策理论学派的代表人物赫伯特·西蒙，在1947年出版的《管理行为》中对"完全理性的经济人"假设提出了质疑："单独一个人的行为，不可能达到任何较高程度的理性。由于他所必须寻找的备选方案如此纷繁，他为评价这些方案所需的信息如此之多，因此即便近似的客观理性，也令人难以置信。"

赫伯特·西蒙认为，要实现完全理性，必须符合以下三个条件：

条件一：每一个人做决策时必须了解影响决策的每一个因素。

条件二：每一个人做决策时必须能够全完估计到每一种可能的结果以及发生的概率。

条件三：每一个人都有能力对每一种结果的偏好程度进行排序。

谁能保证在现实生活中做每一个决策时，都可以达到上述的三个条件呢？怕是无人能及。所以，完全理性的经济人在现实中是不存在的。绝大多数情况下，人不可能获得与决策相关的所有信息，且人的大脑思维能力也是有限的，任何人在一般条件下都只能拥有"有限理性"，在决策时只能追求"满意"保准，而不是追求"最优"标准。

西蒙告诉我们，现实中作为管理者或决策者的人，是介于完全理性和非理性之间的"有限理性"的"管理人"，其价值取向和目标往往是多元的，不仅受到多方面因素的制约，还处于变动之中，甚至彼此矛盾的状态；"管理人"的知识、信息、经验及能力也是有限的。因此，在实际决策中，"管理人"会因个人偏好而导致决策方案存在差异，会因大量随机性因素的干扰而导致结果的不确定性，且可能会基于个人的过往经验、习惯等做出感性的抉择。

任何人都不可能是完全理性的经济人，其在现实生活中的各种经济行为必然会受到各种"非理性"的影响。认识到这一事实，我们就可以理解许多与传统经济学原理相悖的生活现象了。比如，按照传统的经济学原理，理性的人不会冒着风雪去看球赛，可实际情况并不是这样，如果早就买了票，很多人都愿意冒着风雪去看球赛；再如，普通消费者都知道及时止损的重要性，可大部分股民却会犹豫不决、拖延决策，甚至选择在"低位"追加投资以求摊平成本，结果深套其中无力逃脱。

所以，人不是完全理性的，也不是完全不理性的，认识到人是有限理性的事实，有助于我们更好地认识自己、认识他人、认识纷繁复杂的生活百态。传统经济学把人假设为完全理性的经济人，也是希望借助这个理想目标，让每个人都能以较少的代价去无限地靠近它。

理性经济人求利，但不是"自私鬼"

孔子云："君子喻于义，小人喻于利。"

这句话的意思是说，想知道一个人是君子还是小人，最简单的办法就是看看他对义利的态度：君子求义而舍利，甚至在必要的时刻会选择舍生取义。历经千年的流传，重情重义也成了中国人颂扬的传统美德，而见利忘义之举则为人所不齿。

当重义轻利的美好传统道德与追求利益最大化理性经济人假设相遇时，就产生了"冲突"：在道德的世界里，人有君子与小人之分；在经济学的世界里，所有人都追求自己利益最大化，即便是义举，初衷依然是利己。那么，这是不是意味着，理性经济人就是精于算计、唯利是图的"自私鬼"呢？

答案是否定的！理性经济人虽然是自利的，但自利并不等于自私。

首先，理性经济人的理性，与智力没有关系，所以并不存在运筹帷幄、精于算计之说。绝大多数人就是芸芸众生中的一员，不具备经济学家或数学家的专业素养，只有简单的计算技能和分析水平，更有甚者文化程度很低，但不能说他们是非理性的。在生活中进行决策时，他们也会从自身利益最大化的角度出发，去思虑和考量该怎样抉择。

其次，理性经济人的行为动机是趋利避害，可这里的"利"与"害"是广义上的，并不局限于金钱之利。理性经济人的决策原则是利益最大化或损失最小化，考虑的是综合的"利"与"害"，而不是单项的利害分析。

某人在面对亲情和金钱的抉择时，毅然地选择了亲情，因为在他看来"留亲情弃金钱"比"留金钱弃亲情"具有更大的利益，所以这样的选择仍然是理性的。如果把理性经济人误解为只追求金钱之利的货币崇拜者，那是因为没有认识到，每个人都有自己对某一事物的价值判断。个人利益的衡量，也不仅仅是货币收入等纯经济利益，还包括名誉、地位、尊重等许多不能用纯经济尺度来衡量的利益。

理性经济人在寻求利益最大化的过程中，仍然保持着理性的状态，绝不会为了一己私利而罔顾所有。他们知道，过分的自私自利不仅无法为自己争取利益最大化，还可能会因失信和欺诈影响声誉，损害自身的长远利益。

真正的理性经济人不是只想自己攫取利益而不管他人死活的"自私鬼"，不信你看——所有商人都想实现利润最大化，但绝大多数商人都坚持"诚信为本"的宗旨，那些少数唯利是图、违背诚信道义的商人，最终的结果就是玩火自焚，被市场和客户狠狠地抛弃。

在经济学的世界里，每个理性经济人的行为都是为了自己，但每个理性经济人也都知道该做什么样的事，以及怎么样做事，才能够有利于自己。所以，把理性经济人等同于彻头彻尾的"自私鬼"是错误的，他们完全可以在寻求自利的过程中保持一颗善良的心，就如同现实中的你我他。

人人都利他，换不来美好人间

理性经济人是自利的，但自利不是自私，更不是以损害他人利益为前提，来增进自己的收益。通常情况下，理性经济人会选择增进双方的利益，因为这样的关系更容易持久，有助于获得长远的利益。至于损人利己的行为，多半都是一锤子买卖，毕竟谁也没有比谁傻多少。

既然自利而不自私的选择可以换得相对长久的互惠关系，如果再往后"退一步"，人人都从利他的角度思考问题和行事，世界会不会变得更美好呢？那又会是一个怎样的景象呢？

清代小说家李汝珍在《镜花缘》里杜撰了一个"君子国"，描绘的就是一个人人利他的世界。在这个君子国里，每个人都是大公无私的，没有半点私心。君子国和现实世界一样，都存在交易行为，最大的差别在于：卖者想少要钱，买者想多给钱。

下面的这番对话，就是发生在君子国中的一幕场景——

买者："我买你的东西所付的钱已经很少了，你却还说多，这是违心的说辞。"

卖者："我的货既不新鲜，又很普通，不如别家的好。我收你付价的一半，已经很过分了，怎么能收你全价呢？"

买者："我有识别出好货的能力，这样好的货物只收半价，对你太不公平了。"

卖者："如果你真想买，就按照前价减半，这样最公平。如果你还说价格低，就到其他商家那看看吧，看还能不能买到比我这儿更贵的货物。"

两人争执了半天，没有争出所以然。买者付了全价，拿了一半的货物，准备转身离去。卖主连忙拦住他，死活不让他走，路人前来围观，听闻原委后，纷纷指责买者"欺人不公"。最后，买者拗不过众人，只好拿了一半上等货和一半下等货，方才离开。

人人利他的世界，就如上面所描绘的那般，你觉得美好吗？

1720 年，荷兰医生曼德维尔出版了一本备受争议的作品，书名叫作《蜜蜂的寓言》。他将人类社会比喻成一个蜂巢，在这个蜜蜂的国度里，每只蜜蜂都在近乎疯狂地追求自己的利益，虚荣、伪善、欺诈、享乐、嫉妒等恶德呈现在每只蜜蜂的身上，可令人惊异的是，当每只蜜蜂在疯狂地追逐自己的利益时，整个蜂巢呈现出了一片繁荣的景象。后来，邪恶的蜜蜂觉醒了，向天神祈祷把它们变得善良、诚实、正直。天神成全了它们，让蜂巢变得全无欺诈，可是接下来发生的一幕，却不如预料中那么理想，一磅贬值为一文，原本繁华的蜜蜂国度陷入了一片萧条之中。曼德维尔透过这部作品，想要表达的核心观点是，私欲的"恶花"结出的是公共利益的善果，这一观点后来被称为"曼德维尔悖论"。

毫不利己专门利人，固然是一个美好的愿望，从动机上看也是高尚的，但这并非世界的本质，也不符合人性。也许你会问：怎样才能保证每个人在利己的同时，又不损害他人的利益呢？或者说，在增进个人利益的同时，也增进他人的利益？

其实，亚当·斯密在《国富论》中已经告诉了我们答案："每个人都不想增进他人的利益，仅仅知道自己的利益，仅仅从自己的利益出发行事。但是，当他这么做时，有一只看不见的手，引导着他在追求自己利益的过程中，不期然地实现了他人或公众的利益，虽然这不是他的本意。"

亚当·斯密说的那只"看不见的手"，指的就是市场。市场的本质，就是个人以及个人在自利心理诱导下的选择行为。人在主观上是利己，但在客观上却必须利他，因为从自己的利益出发去行事，要比从他人的利益出发去行事，结果对他人更好。

那么，利他的道德原则在什么情况下才是必要的呢？当人与人处于不对称的地位时，如强者与弱者，正常处境中的人与陷入危难处境中的人，前者向后者伸出援助之手，献出一分爱心，才能使得社会福利有效增长，让社会更协调地发展。

没有稀缺性，一切终将走向毁灭

《晏子春秋》里记载过一个"二桃杀三士"的故事：春秋时期，齐景公手下有三名得力的大将，分别是公孙接、田开疆和古冶子，他们都曾为齐景公立下过赫赫战功。这三个人自恃勇猛，连齐景公也不放在眼里。晏子向齐景公进言，建议把这三个人铲除，避免留下祸患。齐景公也正有此意，只是这三人十分勇猛，又立下过汗马功劳，让他不知如何是好？

晏子说，应对这三人要巧斗。他向齐景公建议，赐给他们三人两个桃子，让他们分吃，只赏赐给最有功劳的人。结果，拿到桃子后，三员大将开始争夺，竞相陈述自己对国家的功劳。最后，三人中只有两个人得到桃子，另外一个羞愧自杀。得到桃子的两个人，见同伴因自己而死，也羞愧自杀了。

看到这样的结局，不少人都觉得难以理解：看到同伴自杀，自己就要自杀吗？

分析一项事物时，一定要考虑大环境。春秋时代的人很重视义气，在那样的社会意识之下，见到同伴因自己自杀，继而羞愧得无地自容并以自杀了断，也在情理之中。当然，这不是我们要讨论的重点，真正值得思考的是晏子的计策：为什么两个桃子能杀死三大将士呢？

其实，晏子是利用了经济学上的稀缺性！换句话说，杀死三个将士的并不是桃子，而是稀缺性！三个将士因为稀缺的资源（桃子）而展开了争夺，一步步地酿成了自杀身亡的结局。

经济学是什么？简单解释，就是研究一个社会如何利用稀缺的资源以生产有价值的物品或提供有价值的劳务，并将它们在不同的人中间进行分配的一门学问。请注意，这里隐含着一个前提：资源是稀缺的、有限的，这是经济学的另一个基本假设，也是经济学的精髓之一。

没有稀缺性，就没有经济学。倘若资源是无穷无尽的，任何东西都不存在稀有和紧缺的状态，人们想要什么就有什么，就不需要经济学来研究怎样对资源进行合理有效的配置了。正因为资源是稀缺的、有限的，才会引起竞争与合作。竞争的本质，其实就是争夺对稀有资源的控制；合作的本质，就是与他人共同利用稀缺资源，携手朝着共同的目标努力，争取以有限的资源生产出更多的产品，这也是解决资源稀缺性的一个重要途径。

经济学中的稀缺性，可以解释生活中的许多现象，有些现象可能在我们今天看来是不可思议的，但用稀缺性来解释却是合情合理的。

假设你面前摆着一只金碗和一只铝碗，可以任选其一带回家，你会怎么选？这个问题简直不需要思考，当然是选择金碗了！因为黄金的价格比铝贵，且还可以保值！没错，这是我们现代人在今天所做的选择，如果这件事发生在一百多年以前，情况却刚好相反，人们一定会毫不犹豫地选择铝碗！

你可能不敢相信，当年法国皇帝拿破仑三世为了彰显自己的富有与尊贵，命令官员为自己制造一顶铝王冠。他戴上这顶铝王冠，神气十足地接受百官的朝拜，并大摆筵席。宴会上，只有拿破仑三世使用一套铝制的餐具，而其他的官员使用的都是黄金或白银所制的餐具。

为什么在一百多年前，铝会夺得世界最贵金属的头衔呢？

答案依旧是稀缺性！铝是地壳中含量最丰富的金属元素，仅次于氧和硅，是铁含量的 1.5 倍。我们脚下的土地，随意地抓一把，可能就有不少铝的化合物。但是，铝的化学性质十分活泼，一般的还原剂很难将其还原，所以冶炼铝是一件极其困难的事。1885 年，全世界的铝产量也只有 500 千克，且都集中在法国。如此稀有罕见的金属铝，自然就比其他金属要贵了。

从铝被发现到制成纯铝，共经过了一百多年的时间。直到 1884 年，美国奥伯林学院化学系的一位名叫查尔斯·马丁·霍尔的青年，发明了电解制铝法，才解决了这一难题。半个世纪后，全世界的产铝量达到了 4 亿磅，铝不再是稀缺品，价格也就便宜了。

稀缺性对社会和人类生活有着重要的影响，倘若资源不是稀缺的，自然界就不会有优胜劣汰，不会有弱肉强食。至于我们，既不需要工作，也不需要买房购车，更不需要考虑衣食住行，因为一切资源都是富足的。试问：这样的社会还有活力吗？我们的生活还有乐趣吗？这样的世界不过是一潭死水，终将走向毁灭。

相比人的无尽欲望，资源永远不足

理性经济人假设表明，人都是利己的，总想要更多的东西。随着社会的发展和生活条件的进步，这种需要还会不断地增长。马斯洛的需求层次理论，对人类的需要进行了深刻的诠释，从最基本的生理需要，到安全需要、社交需要，再到尊重需要、自我实现的需要。欲望是没有尽头的，除非生命终止。

有了欲望，就得想办法满足，经济学把满足人类欲望的一切要素或条件称之为资源。相比人类欲望的无限性而言，资源总是显得不够，这就是经济学上讲的稀缺。在任何一个节点上，资源的供给和人们的需要都是矛盾的，但也正因为有了这种矛盾，才诞生了经济学。如果人类所需的资源取之不尽、用之不竭，就没有人会考虑成本和节约了。

生活中的每一个人都面临着稀缺的困扰：对贫困者来说，金钱是稀缺的；对企业家来说，金钱不是稀缺的，但时间资源却是稀缺的。不仅是个人，社会和国家也同样面临稀缺的问题，即便是很富裕的国家，依然想要变得更安全、更强大。

欲望无处不在，还趋于无穷，可资源是稀缺的，满足欲望的手段是有限的。在这样的处境之下，人会体验到痛苦就在所难免。与此同时，人们也会想办法解决资源稀缺与欲望无尽之间的矛盾，尽可能地减少痛苦，实现快乐最大化。

那么，这一矛盾究竟该怎样协调呢？

我们知道，要满足欲望就得生产，比如要满足吃的欲望，就得生产粮食。然而，资源是稀缺的，注定不可能什么都生产，在同一块土地上，已经种植了土豆，就不适宜同时种玉米。这就意味着，人类必须慎重思考，选择生产什么，采取怎样的方式生产，生产出来的东西要怎样分配。以上这些问题结合起来，就构成了经济学中的资源配置。解决了这些问题以后，我们就可以根据市场的需求来生产商品，在满足市场需求的同时，又满足了自己的需求，得到了自己想要的东西，自然也就获得了快乐。

这也提醒我们，在稀缺的资源约束下，一定要选择做正确的事，并学会正确地做事。这样才能够相对地减少资源稀缺性，有效地提高生产力。同时，我们也要学会让欲望更好与资源条件相配合，适当地管理和控制欲望。毕竟，欲望这个东西是没有尽头的，也不可能有完全满足的那一天。如果任由欲望肆意扩展，资源稀缺性的问题不仅得不到解决，人类还会因争夺资源而引发各种战争，待到那时，幸福和效用就成了无稽之谈。

贪婪的人与"猪"没有区别

明代教育家刘元卿在《贤奕编》中撰写了一则有趣的寓言故事，名为"王婆酿酒"：

妇人王婆靠酿酒维持生计，有一位道士经常到她的酒馆借宿，前前后后喝了几百壶酒，却分文未付。对此，王婆也没有计较。一天，道士对王婆说："我喝了你这么多酒也没钱付，就给你挖一口井吧！"没想到，这口井被挖好后，涌出来的不是水，而是上好的酒！

有了这口井，王婆发了大财。不久后，道士又来到王婆的酒馆，问她酒可好？王婆说："酒倒是好，只是没有用来喂猪的酒糟。"道士听后，笑着在墙上题了一首打油诗："天高不算高，人心第一高。井水做酒卖，还道无酒糟。"

写完之后，道士就走了。自此以后，这口井再也不出酒了。

读完之后，是不是觉得有点似曾相识？有没有想起普希金撰写的童话故事《渔夫与金鱼》？不同时代、不同国度的人，借助不同的故事，表达的寓意如出一辙。这也暗示了一个事实，故事中的现象在生活中普遍地存在着。

经济学承认利己是人的本性，人类的一切行为都是为了实现个人利益最大化。人的需求是多种多样的，在较低层次的欲望得到满足或基本满足后，就会产生新的或更高层次的欲望。这种欲望是无穷无尽的，且有些欲望还可能反复出现。正是因为欲望的这一无限性，促使着人们不停地去追求满足。从这一层面上说，欲望推动着社会的进步与人类的发展。如果人人都没有欲望、没有满足欲望的追求，社会也将从止步不前逐渐走向衰退。

利己是人的本性无可辩驳，欲望的无限性也是真实的，那么利己之心与无穷的欲望会不会成为万恶之源呢？如若不然，为什么传统伦理一直强调"存天理，灭人欲"？

亚当·斯密在《国富论》中确实承认了利己是人的本性，但他在另一本知名著作《道德情操论》中，强调人除了利己之外，还有另一种本性，他说："尽管人具有自私自利的本性，但是一个人在与他人相处时，也还存在另外一种本性：这些本性使他关心别人的命运，把别人的幸福看成是自己的事情，这种本性就是怜悯或同情。"

透过这番话不难感受到，亚当·斯密想告诉我们：人确有自利的本性，但所有对财富、权力和名声的追求，其目的是为了得到他人的爱和认同，这是独立于个人功利欲望的。若每一个利己之人在社会中都能够控制自己的私欲和行为，完全可以构建一个有道德的社会。

那么，究竟什么才是万恶之源呢？

真正的罪魁是贪婪！乍一看，贪婪和欲望长得差不多，都是无限的。但，两者有本质的区别！马斯洛的需求层次理论告诉我们，人由欲望产生的需求从低至高分为五个层次：生理、安全、社交、尊重、自我实现。正常情况下，一个层次的欲望满足了，又会产生新的欲望，如：当我们满足了吃饱穿暖的生理需求后，会寻求比它高一层次的安全需要，如生活稳定、免于灾难、未来有保障等；当这一层需求得到满足后，还会产生社交需要，渴望拥有归属和爱……人的正常欲望会随着自身能力的提高而产生，唯有最高层次的自我实现是没有止境的。欲望是人正当的要求，而追求无法实现的欲望，就成了贪婪。

有一句话你肯定听过：贪心不足蛇吞象。其实，这句话源自"人心不足蛇吞象"的传说：一个穷人救了一条蛇，蛇为了报恩就让穷人提出要求，并满足他的愿望。这个人一开始只想要简单的衣食，蛇都满足了他的欲望。后来，穷人起了贪心，想要做官，蛇也满足了他，直至他做到宰相的位置。没想到，他还是不满足，竟然想要当皇帝。蛇终于明白，人的贪心是没有止境的，就一口把这个人吞掉了。

人的欲望不加以克制，很容易变成贪婪。亚当·斯密多次强调二者的区别，也是因为看到了这种可能性。当一个人满足了基本生活后，想要买一辆车，他会为了实现这个目标而努力工作，这是正当的欲望，也是有利于社会的；当一个人温饱的需求还未解决时，却惦记着一夜暴富，他就很难一步一个脚印地勤奋工作，而可能选择歪门邪道，这就是贪婪。

至此，不知道你是否完全理解了欲望与贪婪的区别？记得宫崎骏的电影《千与千寻》一开场就透过"吃东西"的情节传递出这一深意：吃是人的正常欲望，可若像千寻的父母那样，看到美食后不管不顾、肆无忌惮，误吃了不是人吃的东西，结果就会变成猪，忘记自己以前是人类，最后被宰杀掉！贪婪的人，终会因为自己的行为被自然反噬。

CHAPTER 2

金钱世界：财富与幸福的迷思

当欲望既定时，效用越大越幸福；而当效用既定时，欲望越小越幸福。当欲望无限大时，幸福就会无限缩小趋近于零；而当欲望与效用趋于同值时，约等于"1"的幸福，就是人的心理的平衡点，这个平衡点就是中点状态，意味着人的知足、约束和节制，而不是欲望的膨胀。

——保罗·萨缪尔森

别了，凯恩斯的"乌托邦"

时光回转到 1930 年，凯恩斯满怀欣喜地向世人描绘了一幅"乌托邦"画面：

"如果资本设备持续以每年 2% 的速度增长，技术效率以每年 1% 的幅度提高，那么一百年以后，先进国家的生活标准将是今天的 4~8 倍，如果没有重大战争和人口的显著增长，人类只需要投入一小部分工作时间——一周 15 小时，就可满足全部物质需求。"

如果凯恩斯的逻辑是正确的，那么今天的我们应当比上一辈人拥有更多的物质财富，过上更加幸福的生活，不会有"996"的工作制，人人都有可能实现时间自由与财富自由。

可是，2030 年已经近在咫尺了，凯恩斯勾勒的"乌托邦"成真了吗？很遗憾，它不仅没有呈现在我们眼前，似乎距离我们还愈来愈远了。

翻开美国当代艺术史家乔纳森·克拉里撰写的《24/7：晚期资本主义与睡眠的终结》，我们清楚地瞥见了现代人的生活处境：一天 24 小时，一周 7 天，全天候提供服务！书中阐述道："北美成年人平均每晚睡大约 6.5 个小时，上一代人睡 8 个小时，20 世纪初的人则要睡 10 个小时。"

再翻开英国学者罗伯特·斯基德尔斯基撰写的《金钱与好的生活》，我们又看到了一个残酷而扎心的真相："在过去的三十六年里，人们的生活水平得到大幅提高，但这种增长却压根儿没有给他们带来额外的幸福。"

过度的物质需求，没有使现代人变得好过，反倒是深受其累。凯恩斯在描绘"乌托邦"的时候，应该怎么也不会想到，"过劳死"的现象在一百年后的发达国家中频繁上演，其中精英群体所占的比例越来越高。如果凯恩斯看到这样的现实，会不会感到沮丧呢？

当然，我们不能全然地否定凯恩斯的理论，毕竟他提出的"增长幸福论"是有一定历史时代背景的。只是，凯恩斯错把幸福视为一个定量，认为人们对物质的需求总会有满足的一天，却不曾预见到，他认为的那些已经过得很幸福的人，还会有其他的欲望和需求，没有尽头。

美国经济学家保罗·萨缪尔森提出过一个有关幸福的方程式：

幸福＝效用／欲望

简单解释，幸福就是效用和欲望的比。效用，是人们消费某一种物品时得到的满足程度；欲望，是对某种物品效用的强烈需要。

金钱可以给人带来效用，每个人对财富都存在欲望，一个人赚到钱后，他会产生一种幸福感。根据上述公式，如果两个人的财富欲望水平是一样的，都渴望拥有100万，那么赚了50万的人就比赚了20万的人幸福；但如果赚了50万的人的欲望是100万，而赚了20万的人的欲望就是20万，那么赚了20万的人虽然比赚了50万的人拥有的金钱数额少，可他却比赚了50万的人幸福感更强。同理，当欲望超过了效用时，幸福感就会丧失。

通常来说，人们最为缺少的东西，越能够给其带来幸福感。例如，身患重病的人，如果能够恢复健康，就会感到幸福无比；颠沛流离的打工人，若能拥有一套自己的房子，也会觉得很幸福。只不过，人的欲望是无限的，一个欲望满足后，又会有新的欲望产生，这也导致有些人的幸福感持续的时间很短，因为总有新的需求亟待满足。

越是深入剖析，我们越不难发现：幸福是一个变量，会随着时间、地域、文化等因素的变化而变化。同一个人，在不同时期的幸福感不尽相同；同一环境下的人，对幸福的评价标准也不一样。尽管幸福与经济密切相关，但不存在铁定的因果关联。

究竟拥有多少财富，才会感觉幸福

　　许多人都思考过这个问题：是不是多赚一些钱，拥有更多的财富，就会比现在活得幸福？

　　很遗憾地说，拥有财富的多少与幸福是不呈正比关系的！虽然金钱与生活品质有密不可分的关系，但不是拥有的钱越多就会越幸福。财富只有在缺少时才对幸福产生较大影响，当财富增加到一定水平后，财富与幸福的关联就小多了。

　　一位俄国青年初到美国时，身上没什么钱，日子过得也很艰难。那时候，他每天都在琢磨要怎样才能多赚点钱，与人谈论的主要话题也是赚钱。后来，他师从经济学名师，再后来投身到证券业，赚了很多钱。这时候，他却并未觉得生活有多少乐趣，反倒是更想去科罗拉多州做一个流浪滑雪人。

　　现代经济学认为，金钱只是能够给人带来幸福的因素之一，而不是唯一因素。人们是否幸福，在很大程度上还取决于感情、健康、精神等与财富无关的因素。心理学家曾经调查过22个平时有抑郁情绪但曾经中过彩票大奖的人，结果发现：当中奖事件过去以后，他们很快又回到了从前的抑郁状态，依然感觉不幸福。

　　那么，世界上最贫穷的人幸福感是怎样的呢？是不是对生活的满意度很低呢？

调查显示，最贫穷的人生活幸福感并不是很差，他们的幸福感与中等收入的人相比，只是略微低一点。贫穷不必然导致精神上的痛苦，贫穷更像是一种社会病，是由于教育、就业和经济发展不平衡导致的。一个人如何看待金钱，比金钱本身更能够影响他的幸福感。那些把金钱看得特别重的人，对收入的满意度较低，对生活的总体满意度也比较低。

幸福感更多的是一种心理体验，既是对生活的客观条件和所处状态的一种事实判断，也是对生活的主观意义和满足程度的一种价值判断，它表现为在生活满意度基础上产生的一种积极心理体验。每个人都有自己衡量幸福感的标准，有时我们认为一个人幸福，他自己却并没有这样的感觉；有时我们认为自己不幸福，殊不知在别人眼里，我们已是被羡慕的对象。

多年前，住在意大利某小镇上的托马斯一家人，每天都会因为生活的拮据而争吵不休。面对如同地狱一般的家，男主人托马斯苦闷不已，便向一位智者朋友寻求帮助。朋友给他出了一个主意：把家里的奶牛、山羊、鸡全都放到屋子里，让它们和人一起生活。

托马斯简直不敢相信自己的耳朵，可因为事先答应朋友要按照他的话去做，也就硬着头皮回去执行了。试过的结果，和托马斯想的差不多，情况没有变好，而是变得更糟了，一家人在痛苦和煎熬中度过了两天。

第三天早上，托马斯又去找那位智者朋友，哭诉道："那只山羊把房间里弄得一团糟，鸡到处乱飞，满地都是动物的粪便，这样的生活如同噩梦，人和牲畜怎么能共住一室呢？"朋友说："那还不简单，赶紧回家，把它们都赶出屋去。"

托马斯按照朋友所说，把牲畜们都放了出去。当天下午，托马斯就跑到朋友的住处，拉着朋友的手满面红光、兴奋难抑地说："谢谢你，我现在觉得家里像天堂一样！"

生活拮据的托马斯想要寻求幸福，并将希望寄托于一位智者朋友的身上。可惜，朋友并没有让他的处境发生任何改变，反倒是让他遭受了一番折磨。可正是因为有了这一番折磨，托马斯才重新感受到了幸福。到最后，一切都是原来的样子，不同的只是人的内心感受。

想要让自己的幸福感提升，需要秉持一颗真诚的、热爱生活的心，建立符合实际的目标和期望值，用心感受自己拥有的东西，知足常乐不只是一句鸡汤。如果工作只是为了赚钱，那么应该适可而止，美国的一位大投资家曾对一些野心勃勃的年轻人说："做你深爱的事情，你才会幸福。"他没有劝人和他一样从事投资行业，尽管这个行业很赚钱，可若不喜欢的话，做起来是很痛苦的；即便是喜欢，也不是每个人都有投资的才能。

实际上，无论是金钱、健康、兴趣爱好、情感，都可以让人体验到满足感。在现实条件不变的情况下，我们不妨多思考一下如何对时间和精力进行分配：有多少时间用于赚钱，有多少时间用来休闲？找到平衡点，会离幸福越来越近。

你愿意三薪加班，还是七天休假

"国庆节七天假，去公司加班一天能拿到 600 块，后面还有带薪调休……早知道，我就不出去玩了，人山人海的，还不如多赚点钱呢！"

"好想一整天窝在沙发上，追剧点外卖，太久没有放过一整天的假了。默默祈祷，国庆给我七天假，我不想加班，也不想要三薪。"

每年的国庆长假，上班族们都要面临"三薪加班与七天休假"的抉择。面对这个灵魂的拷问，你会怎么选？相信无论内心的天平倾向于哪一边，你都能说出 N 多条理由。毕竟，芸芸众生中的绝大多数人，都必须靠工作维持生计，而这份工作也不能完全根据自己的喜好来随意决定。想要实现自己的最大满足，就只能在工作与闲暇之间寻求到一种平衡。

不可否认，工作对一个人而言是重要的，我们需要通过它来创造物质财富，满足基本的生存需要，以及实现部分的自我价值。但，休闲也是不容忽视的，人不是机器，精力有限，要通过休闲缓解压力、积蓄体力，才能够重新获得劳动能力，焕发生命的活力。所以，工作与闲暇是一对孪生体。当经济学家把劳动作为一种经济活动进行研究时，也把休闲活动纳入了其中，丝毫没有怠慢。

小孩子经常会提出这样的问题："为什么一周要上 5 天学，只放 2 天假？"面对这样的疑问，你觉得要怎样解释比较好？有位妈妈告诉孩子，说："正因为上了 5 天学，你才觉得 2 天的周末很珍贵啊！要是天天放假，你还觉得早上多睡一会儿幸福吗？"

事实就是如此，在工作时间很少的情况下，我们不会从闲暇中获得太大的满足。这就好比，让你突然停止所有和工作相关的事，完完全全地闲上一个月，什么都不做，可能最初的几天你还觉得挺放松，可过了十天半月，多数人都会感到无聊。反之，让你连续十天半月每天工作十几个小时，你一定会比平时更渴望休息。在这样的状态下，即便有"加班三薪"摆在眼前，多数人也不想要，而是更乐意休个七天假期。

从经济学层面分析，当工作时间较短时，我们不会感到很累，而所获得的工资会优先用于最迫切需要的消费（生活必需品），所以从中得到的满足也会很大。随着工作时间的延长，我们会感到越来越厌烦，此时获得的工资则会用来购买相对不重要的物品（非必需品）。

在 19 世纪早期，工厂里的工人们是没有休息日的，每周要工作 84 个小时左右；一百多年前，也没有双休日一说，人们通常一周都要工作 6 天。现在，大部分国家正常的工作时间都是每周 5 天，欧洲一些发达国家的工作时间甚至缩减到 4 天半。

现代人的工作时间之所以比过去的人要短，主要的原因就是现代社会的消费和娱乐项目比过去丰富太多，人们能够从闲暇中获得更大的满足，所以人们需要减少工作时间，增加闲暇时间。但就一些成功人士而言，他们的工作时间比普通人多很多，也是因为他们的工作能够换来更多的收入，而这些收入可以用来购买普通人消费不起的物品，带给他们更大的满足。

那么，现实中的我们，该如何在工作与闲暇的均衡中获得最大的满足呢？

答案已明了，让工作带来的边际收益与闲暇带来的边际效用相等。这就提示我们，高工资是好事，闲暇也是好事，但两者之间并不存在必然的联系，工资高低不是决定加班与否的自变量，因为我们最终寻求的是怎样选择才能让自己更快乐。所以，选择"三薪加班"还是"七天休假"，没有标准答案，也没有所谓的好坏之分，全凭个人判定。

懂得二八定律的人，不会靠拼命去赚钱

是否在某一时刻，你曾抱怨过生活的不公？明明付出了很多努力，却没有得到与之相匹配的回报？做事从来不会偷奸耍滑，却仍然看着别人在事业上平步青云？如果是这样的话，那么你应该了解一个真相：这个世界没有绝对的公平。

经济学家说，20%的人手里掌握着80%的财富；心理学家说，20%的人身上集中了人类80%的智慧。20%的人享受了世界上80%的爱情，甚至办掉全世界80%的结离婚手续；20%的人历经人生80%的大喜大悲，体验80%的精彩和跌宕，80%的人更多的是在复制着平淡无奇的日子；20%的人可以实现80%的心愿，而80%的人只能实现20%的心愿……不要觉得意外，这就是经济学中著名的"二八定律"。

19世纪末，意大利经济学者帕累托率先提出二八定律。他认为，在任何一组东西中，最重要的只占其中一小部分，约20%，其余80%尽管是多数，却是次要的。这种不平衡的模式不是偶然，而是会重复出现。

细心留意不难发现，在商界以及日常生活中，二八定律广泛存在：80%的成绩归功于20%的努力；市场上80%的产品可能是20%的企业生产的；20%的顾客可能给商家带来80%的利润。遵循二八定律的企业，往往会在经营和管理中抓住关键的少数顾客，精确定位，加强服务，事半功倍。美国的普尔斯马特会员店始终坚持会员制，就是基于这一经营理念；通用电气公司永远把奖励放在第一位，它的薪金和奖励制度使员工们工作效率更高，也更出色，但只奖励那些完成了高难度工作指标的员工。

不遵从二八定律会怎样呢？被称为"20世纪最大投资失败"的铱星公司倒闭，就是一个反面的典型。铱星公司推出的铱星电话——"在世界任何地方都能打通的电话"技术上的先进性举世无匹，可就是这样一个"天之骄子"，却在投入运营两年后就倒闭了。

为什么会这样呢？除了运营方面的种种失误，最重要的败因正是它所追求的"覆盖全球"的理想。不要忘了，地球表面80%以上是人迹罕至的海洋、极地和高山，为了将这些地域纳入通信网络，铱星公司不但要发射大量卫星，而且要负担维护其运转的巨大费用，可是这些地方所能产生的利润却微乎其微。这些成本要谁来买单呢？最终都要由另外那20%地区的用户负担！这就使得铱星电话价格过高，无法和普通移动电话竞争。

二八定律反映出的是一种不平衡性。我们都知道，事物本身是存在一定的秩序关系的，各种关系的内在力量也是不平衡的，必然存在强弱之分，也必然会造成因果关系的不对等。这样一来，就使得投入和产出无法成正比。从财富分配的角度来说，人与人在收入上的差异，也是由于这种不平衡导致的。

举例来说：A是某公司的一名文员，每天工作8小时，日薪200元；B是该公司的老板，每天也工作8小时，日薪1万元。同样都是投入了8小时的工作，为什么两个人的收入相差50倍？因为两个人产出的成果是完全不一样的。这就解释了一件事，勤奋努力是可贵的品质，但不是付出了巨大的努力就能换来丰厚的报酬，也不是拼命去赚钱就可以实现财富翻倍。

　　稀缺是经济学中的一个重要概念，每个人的时间、精力、成本都是稀缺的，这就要求我们必须进行合理分配。依照二八定律，我们应当把80%的资源花在能出关键效益的20%方面，这20%方面又能带动其余80%的发展，以此获得更好的收益。千万别傻傻地妄想面面俱到，试图把每一件事情都做好，那样的话往往会落得"费力不得好"的结果。

人均 GDP 再高，你还是得自己奋斗

电视机的新闻频道播报了一条消息：中国人均 GDP 首次突破 1 万美元！听到这个数据后，有些人嘴巴一撇："1 万美元，看来我又拖后腿了！"有些人不屑一顾："总说 GDP 升高了，我也没感觉到，工资一分钱没涨，一年赚不到 10 万块钱！"

中国人均 GDP 突破 1 万美元，到底意味着什么？跟普通人有没有关系呢？

要解释这个问题，我们得先澄清一个问题：人均 GDP ≠ 人均收入。

GDP（Gross Domestic Product）是国内生产总值的英文简称，是指一个国家或地区所有常住单位在一定时期内生产活动的最终成果，人均 GDP 是指人均国内生产总值；而人均收入，是指一个国家在一定时期（通常为 1 年）内按人口平均计算的国民收入占有量。

我们要判断一个国家或地区的生产能力有多少强，创造了多少社会财富，可以用 GDP 来作为统一"标尺"。根据 CDIP（发展与知识产权委员会）报告，可以看出国家经济的变化趋势，确定当前经济是处于活跃期还是衰退期。通常，人均 GDP 反映的是每个人平均创造的财富，数值越高，反映一个地区的产品创造水平越高。

那么，哪个数据能反映人民的生活水平呢？这要看人均居民可支配收入！2019 年，我国居民人均可支配收入 30733 元，人均收入仅占人均

GDP 的 43%，远远低于国际平均水平的 60%~70%。看到这个数据后，许多人应该不会再觉得自己"拖后腿"了。我国的经济的确获得了空前的发展，可基本国情没有改变，依旧是发展中国家。

那么，GDP 是怎么构成的呢？或者说，是什么决定了 GDP 的高低？

人们通过自己的劳动所创造的产品和服务，统称为社会财富，如工厂生产的产品、银行提供的服务、学校创造的价值等，这些社会财富加起来，就构成了 GDP。不过，社会总财富不存在国籍和民族之分，只要在一国的领土范围内，无论是中国企业还是外国企业，只要它在这一期间创造的社会财富都归入 GDP。例如，韩国知名企业三星在中国的分公司所获得的利润，不能计入韩国的 GDP，而要计入中国的 GDP；中国知名企业比亚迪在美国的分公司获得的利润，要计入美国的 GDP，而不能计入中国的 GDP。

通常情况下，一个国家的 GDP 大幅增长，反映出该国的经济发展蓬勃向上，国民收入增加，消费能力增强，人民的生活水平也在提升。反之，一个国家的 GDP 出现负增长，则显示该国的经济处于衰退状态，消费能力减弱，人民的生活水平也在降低。可以说，GDP 是宏观经济中备受关注的经济统计数字，不但可反映一个国家的经济表现，而且可以反映一国的国力与财富，被公认为衡量国家经济状况的最佳指标。

GDP 固然重要，却也有一定的局限性。就如我们开篇时提到的现象：尽管有时 GDP 在高速增长，可人民的生活水平却没有提升。这是因为 GDP 无法反映出社会成本，不能反映经济增长的方式以及为此付出的代价，更不能反映经济增长的效率、效益、质量，以及社会财富的总积累，不能衡量社会分配与社会公正。

假设此时猪肉价格每斤 25 元，如果每个月吃 10 斤，需要 250 元；第二年猪肉涨到 35 元，如果每个月还吃 10 斤，需要 350 元。这样看来，人们的生活水平没有什么变化，但消耗的 GDP 却增加了。如果人们嫌价格高，每个月改吃 8 斤猪肉，则需要 280 元。这样看来，GDP 依然是比前一年增长了，但人们的生活水平却下降了。

生活水平的高低取决于人们"吃了多少肉"，而 GDP 反映的却是"买这些肉花了多少钱"，两者既有相互关联的一面，又有相互背离的一面。GDP 只能告诉我们"有多少"，不能告诉我们"有多好"；只能告诉我们"产出多少"，不能告诉我们"付出多少"；只能告诉我们"蛋糕有多大"，不能告诉我们"蛋糕该怎样切"。所以，想要生活更好，不能过于迷信 GDP，还是得靠自己去努力奋斗。

邻居说物价便宜了，我怎么没感觉

网络上流传过一句话："你可以跑不赢刘翔，但必须跑赢 CPI。"

提到 CPI，很多人并不陌生，它是消费者物价指数（Consumer Price Index）的英文简称，是反映与居民生活息息相关的商品及劳务价格统计出来的物价变动的一种指标，通常作为判断通货膨胀水平的依据，以百分比变化为表达形式。

我们国家的 CPI 主要依照八大类进行计算，即食品、烟酒及用品、衣着、家庭设备用品及服务、医疗保健及个人用品、交通和通信、娱乐教育文化用品及服务、居住。这八大类的权重总和加起来是 100。在每一类消费品中选出一个代表品，如：大多数人是吃米还是吃面，是穿皮鞋还是穿布鞋等。国家统计局选出一定数量的代表品，把这些代表品的物价按每一月、每一季、每一年折算成物价指数，定期向社会公布，就是我们所说的官方的 CPI。

通常来说，CPI > 3% 的增幅时，就意味着通货膨胀；当 CPI > 5% 的增幅时就意味着通货膨胀很严重了，这对国家的经济发展会造成不利影响。当生活成本提高后，金钱的购买力会下降，假设去年我们得到 100 元没有花掉，而今年 CPI 上升了 6%，现在我们用这 100 元只能买到相当于去年 94 元就可以买到的商品及劳务服务，说明我们的财富在缩水。

CPI 的变化也会对股市产生一定的影响。CPI 增幅过大导致通货膨胀，央行为了抑制通胀就会采取加息等紧缩策略，继而导致股市流动资金的减少，而减小股票的买盘。根据供求关系，股票买盘小的情况下其价格就会下跌。反之，如果 CPI 降低，则股市走热，股票上涨。

可以说，CPI 在不同程度上影响着我们日常生活的各个方面，无论我们是否愿意，财富与 CPI 之间的这场赛跑都必须要参加，且还必须得跑赢。不然的话，我们辛辛苦苦赚来的钱就会贬值。不过，在现实生活中，人们对 CPI 数据的同比上升和下降在感受上似乎存在着很大的差异，比如："上个月 CPI 同比下降了，邻居说买东西便宜了，我怎么没感觉？"

为什么人们的感受和 CPI 数据存在差异，且不同的人感受也不一样？

首先，CPI 是一个综合统计指标，从影响人群看，既有城镇居民，也有农村居民；既有高收入者，也有低收入者；既有发达地区居民，也有欠发达地区居民。每个人所处地区不同、消费结构不同，反映总体 CPI 的感受自然也就不同。

低收入的家庭在食品、水电气等生活必需品上支出较大，当食品价格涨幅较大时，他们对价格上涨的感受就比较明显。不过，CPI 涵盖八大类产品和服务，基本分类有 268 个，其中既有价格上涨的商品，也有价格下降的商品，每个消费者感受到的产品和服务的价格变动都在其中，个体对部分商品价格的感受与反映综合水平的 CPI 相比，肯定会有差异。

其次，消费的频率对人们的感知度也有影响。通常，人们对于自己经常消费的商品或一些生活必需品，在价格变动方面比较敏感；对于不经常消费的商品或服务，如机票、家用电器等，就算价格变动较大，感觉也不明显。

最后，人们感受到的价格变化，通常都是用时点价格进行比较的，比如这次和上次、今天和昨天、今年与去年。然而，CPI 是用时期均价进行比较的，同比指数是本月均价和上年同月均价对比，环比指数是本月均价和上月均价对比。在实际中，时点价格和时期均价经常会出现走势相反的情况。例如，今天的羊肉价格比昨天（或上周）下降了，但因为上月价格上涨较大，本月均价还是有可能比上个月要高。这就导致了 CPI 数据反映的情况，与人们的实际感受出现了差异。

不管实际的感受如何，我们依然得关注 CPI，并且还要想办法跑赢它。这需要我们改变投资观念，花点时间去学习正确的理财观念，掌握相应的知识和技巧，通过健康理性的投资，实现财富的增值。

人民币升值了，几家欢喜几家愁

听到"人民币升值"几个字，许多人不免心生欢喜：我们的钱更值钱了，出国旅游、买进口商品都变得便宜了，多好的事啊！脑海里涌出一连串的想象，甚至觉得明天走进商场或超市购物，就能立刻"找到便宜"。等真的去买东西了，才发现一切都是自己的臆想：原来1块钱能买1斤土豆，现在得花1块5才能买1斤土豆！这么一算，钱反而更不值钱了！

其实，对于人民币升值这件事，我们需要从多个视角去看待和理解。

在固定货币收入的前提下，人民币升值意味着能够用有限的货币交换更多的东西，例如：有些人希望出国留学，在取得国外大学的入学许可后，由于无法证明有足够的费用可以支付在国外的学费、生活费，最后不得不放弃出国留学的梦想。可当人民币升值后，在各项费用不变的情况下，去国外留学会比以前的花费要少。如果本身有一定的财富，那么人民币升值带来的好处会更明显，例如去国外旅行或购置产业会更便宜，手里拥有的钱也会变得更值钱。

不过，也有人听到人民币升值的消息后唉声叹气，做进出口贸易的张老板就是其一。张老板每年采购商品向国外发货，由于人民币升值，他的订单减少了很多。更重要的是，美国客户都以美元结算，结算后换得的人民币就更少了。原来10万美元能换得人民币80万元，人民币升值后10万美元只能换得人民币70万元。同样的价格，由于人民币升值，张老板的收入凭空减少了人民币 10 万元，他怎么能不叹气呢？更要命的是，人民币的升值影响了国内商品的价格，张老板采购的成本也随之提升了。

所以说，人民币升值这件事，真的是几家欢喜几家愁。看到这里，可能有不少朋友还在琢磨开篇时的那个疑惑：人民币升值，不是意味着钱更值钱了吗？为什么买东西的时候，没感觉到钱值钱，反倒还不如以前了呢？

其实，对老百姓的日常生活而言，人民币升值那么一点点，影响是极小的，得不到想象中那么大的好处。对于持有大量资金的个人和金融机构，情况就会大不一样。假如一个人拥有人民币 80 亿元，原来可以兑换 10 亿美元，现在人民币升值了，他用 70 亿元人民币就能兑换 10 亿美元！人民币升值的趋势，会促使大量的外币机构开始储备人民币。人民币的需求越大，其价值会越来越高。

任何事物都需要一分为二地看待，人民币升值也是一样。人民币适当升值，可以帮助我国缓解与主要贸易伙伴的关系，减少经贸纠纷，在国际上树立大国的良好形象。然而，凡事有度，过犹不及。如果人民币升值过快，就会存在经济泡沫和长期萧条的风险。

别因为一个基尼系数就灰心丧气

富翁在远行前，给了三个儿子每人 1 锭银子，吩咐他们拿这些钱去做生意。

一年之后，富翁回来了。三个儿子来到父亲面前，述说他们做生意的成果。

大儿子用父亲给的 1 锭银子赚了 10 锭银子，富翁给了他 1 万两银子。

二儿子用父亲给的 1 锭银子赚了 5 锭银子，富翁给了他 5000 两银子。

三儿子用手帕包裹着父亲给的 1 锭银子，小心翼翼地保存着，唯恐丢失。结果，富翁把他的这 1 锭银子赏赐给了大儿子，并说了一番"奇怪"的话："凡是多的，还要给他，让他多多益善；凡是少的，连他所有的，也要夺过来。"

这个经济学小故事，呈现的是贫者愈贫、富者愈富的收入分配不公的现象。

在现代社会中，为了直观地反映和检测居民之间的贫富差距，预报、预警和防止居民之间出现贫富两极分化，经济学家们经常会用到基尼系数。基尼系数是 1912 年意大利经济学家基尼提出来的，是指定量测定收入分配差异程度，国际上用来综合考察居民内部收入分配差异状况的一个重要分析指标。这一概念提出后，很快得到了各界的普遍认同。

基尼系数最大是 1，最小是 0。前者表示居民之间的收入分配绝对不平均，即 100% 的收入被一个单位的人全部占有；后者表示居民之间的收入分配绝对平均，即人与人之间的收入完全平等，没有任何差异。

显然，上述的两种情况都是理论上的绝对化形式，在现实中基本不会出现，所以基尼系数的实际数值往往都在 0~1 之间。在这个区间内，基尼系数越大，表明收入分配越不平均；基尼系数越小，表明收入分配越平均。通常来说，0.4 是贫富差距的警戒线，一旦超过这个数值，就容易出现社会动荡。那么，中国的基尼系数是多少呢？

随着改革开放的深入，我国的经济突飞猛进，贫富的差距也开始不断加大。2004 年，国家统计局公布的数据显示，我国的基尼系数已经达到了0.47，突破了合理的限度。看到 0.47 这个数值时，不少人都会产生"基尼恐慌"，感叹我们国家的贫富差距已经突破了警戒线，觉得再怎么奋斗也没意义了，灰心丧气。那么，真实的情况是不是这样呢？这种"恐慌"和"丧气"有没有必要呢？

不可否认，把基尼系数 0.4 作为监控贫富差距的警戒线，是对许多国家实践经验的一种抽象与概括，具有一定的普遍意义。但是，各国、各地区的具体情况有很大差别，居民的承受能力、社会价值观念都不相同，所以这种数量界限只能作为宏观调控的参照系，而不能成为一种禁锢和教条。

结合我国的实际情况，在单独衡量农村居民内部或城镇居民内部的收入分配差距时，可以将各自的基尼系数警戒线设定为 0.4；但在衡量全国居民之间的收入分配差距时，可以将警戒线上限设定为 0.5，实际工作中按照 0.45 操作。

面对我国基尼系数上升、贫富差距拉大的事实，中央开始研究改革收入分配制度和规范分配秩序的问题，极力构建科学合理公平的分配制度，试图提高低收入者的收入水平，扩大中等收入者比重，调节过高收入，取缔非法收入，努力缓解地区之间和部分社会成员之间收入分配差距扩大的趋势。党的十九大报告提出的 2035 年目标和 2050 年目标，都鲜明地体现了改善人民生活、缩小差距、实现共同富裕的要求。实现共同富裕不仅仅是经济问题，也是社会和政治问题，它要有一个过程，需要按照经济社会发展规律循序渐进，解决地区差距、城乡差距、收入差距等问题，分阶段促进共同富裕。

国际劳动组织有一项关于基尼系数的研究显示：基尼系数的高低和人均国内生产总值密切相关，即经济发展水平越低（人均 GDP 越低）的地域，其社会的收入分配也普遍趋向于不平均（基尼系数高）。这就是说，对于基尼系数的运用要充分考虑社会条件和发展水平的差异，而不能一味地照搬。如果不考虑这些因素，完全把发达国家的基尼系数经验数据运用到发展中国家，就会陷入教条主义，违背原本的科学方法。

基尼系数在反映经济公正性方面也有局限性，它反映的是一个静态的结果，针对指标分配的结果，而没有充分考虑分配的初始条件和分配中各群体投入的劳动。所以，基尼系数只是一个单纯致使结果公正的工具，而不反映过程的公正与否；它只看不同人群最后获得了多少钱，而不看各组人群为了获得那些钱接受了多少教育、付出了多少劳动。这就提示我们，在追求结果公平的同时，还要注重社会公平与规则公平，只看结果不看过程的思维不可取。

你想早点还清贷款，银行同意吗

故事发生在十几年前，恰逢中国房价突飞猛涨的阶段。

当时，赵先生在一家互联网公司工作，月收入5000元。为了准备婚房，他向银行贷款30万元，加上父母资助的10万元，购买了一套两居室的房子。当时的房价是5000元左右，赵先生每个月拿出一半的收入还贷款。

背负着房贷的压力，赵先生不敢松懈，只得加倍地努力。终于，功夫不负有心人，赵先生顺利升职，工资也涨到了8000元。他设想得很好，每个月还贷3500元，既能缩短还款期限，还能节省利息支出。然而，让赵先生没有想到的是，银行竟然拒绝了他。赵先生很不解：我提前还款不是好事吗，银行怎么还不乐意了？

其实，这里牵涉到国家利率的问题。所谓利率，就是表示一定时期内利息量与本金的比率，通常用百分比来表示，计算公式为：利息量÷本金＝利率。

利率在社会生活中是一个不容忽视的因素，也是经济学中一个重要的金融变量，几乎所有的金融现象、金融资产都和利率有关系。当前，世界各国都在运用利率杠杆实施宏观调控：在经济萧条时期，降低利率，扩大货币供应，刺激经济发展；在通货膨胀时期，提高利率，减少货币供应，抑制经济的恶性发展。

对于赵先生遇到的"提前还款银行不乐意"的问题，其实是有经济背景的。2007年，我国的通货膨胀问题突出，国家为了抑制经济过热，多次提高利率。对于贷款买房的人来说，这显然增加了利息负担。为了少支付一些血汗钱，很多买房者都会像赵先生这样选择提前还款。从银行的角度来说，提高利率是一件好事，可以多赚取利息，倘若贷款者全都选择提前还款，那么银行的收入就少了。所以，银行自然不愿意购房者提前还款，遇到这种请求时，也难免会推三阻四。

在日常生活中，我们能否根据利率的变化做一些有益于自身的决策呢？

当国家提高利率时，通常意味着一个经济高峰期要过去了，下一个经济周期就是低迷时期。需要说明的是，国家不会让利率忽高忽低，无论降低还是提升，都会采取循序渐进、小步挪动的方式。为此，我们应根据大的趋势来判断股市、汇率、基金、股票、黄金等行业的情况，有选择性地进行消费和理财。

节俭能不能让社会变得更富有

从小到大，我们几乎都接受过这样一条教诲：节俭是一种美德。

在个人层面来说，规避铺张浪费，减少冲动购物，确实是一个好习惯。毕竟，赚钱不易，钱要花在刀刃上。然而，经济学家看待问题的视角有时会令常人咋舌，就拿"节俭是一种美德"来说，他们的见解完全颠覆了传统的观点。

之前我们提到过《蜜蜂的寓言》这本书，作者曼德维尔用拟人的手法讲述了一个蜜蜂王国的兴衰史。最初，蜜蜂们每天大吃大喝，过着奢靡的生活。忽然有一天，它们开始推崇节约等高尚的道德观念。没想到，整个蜂群迅速衰败下来，一蹶不振。这本书一经推出，就招来了大众的唾弃与谩骂，认为它离经叛道，有碍公众视听，最后被禁止流通。

20世纪30年代，美国陷入经济大萧条时期。当时，美国人对经济发展丧失了信心，处在惶恐与绝望之中。为了获得更多的安全感，他们不敢轻易消费，省吃俭用，把钱都存起来。按照常理，这种做法似乎没什么不对。然而，经济学家凯恩斯却在此时想到了《蜜蜂的寓言》，并站出来指责：正是这种不愿意消费的心态，让美国经济陷入了更为严重的危机之中。1931年，凯恩斯在广播中直接断言，节俭会让贫困恶性循环。当时，他说了一句非常直白的话："你们储蓄5先令，将会使一个人失业一天。"

1936年，凯恩斯在其著名经济学著作《就业、利息和货币通论》中，正式提出"节俭悖论"：根据储蓄变动引起国民收入反方向变动的理论，增加储蓄会减少国民收入，导致经济衰退；减少储蓄会增加国民收入，使得经济繁华。

在经济学中，对单独个人有益的事情，不一定对全体有益。个人致富需要勤俭持家、减少浪费、增加储蓄。但就现代商业社会而言，如果整个国家的储蓄加大，对经济增长是没有好处的，还会致使社会陷入贫困之中。原因不难理解：节俭会导致支出减少，厂家会削减销量，减少工人，继而导致收入减少，最终减少储蓄。经济大萧条时期的情景，就是节俭悖论最为生动的呈现，人们对未来不抱任何希望，不敢随意消费，都尽量增加储蓄。结果，这种不愿意消费的心理和行为，又导致社会的不景气和经济危机进一步加剧，而他们的收入也跟着持续下降。

需要澄清的是，节俭悖论是依据凯恩斯学说中的国民收入决定理论推导出来的一个结论，这个结论是有背景和前提条件的，它只在资源得不到充分利用的情况下才会出现，且是一种短期现象。如果从长期来看，或是在资源得到充分利用的情况下，节俭悖论在事实上是不存在的。节俭悖论只是提醒我们：当整个经济陷入衰退期时，只有刺激社会中的每个成员都尽可能多地消费，整个经济才能够走出低谷，朝着充分就业、经济繁荣的方向发展。

虽然节俭悖论颠覆了传统观点，但也不能就此鼓吹"挥霍有功"。节俭，不代表不去消费；消费，也不意味着奢侈和浪费。从经济学的角度来说，与"消费"具有矛盾关系的是"储蓄"或"投资"，节俭与消费之间没有必然的联系。过度节俭当守财奴或者过度消费随意乱花，都是不被提倡的。真正理性的做法是，把握好一个度，在自己的经济能力和经济条件能够承受的范围内理性消费，保证买来的东西物有所值。

钱得悠着点儿花，入奢容易入俭难

9岁的女儿问父亲："为什么说由俭入奢易？我觉得这句话有问题，一个人从贫穷到富有得经历漫长的过程，应该是一件很难的事呀！"父亲哭笑不得，解释说："按照你的思维方式理解这句话，确实有问题。可问题在于，人家说的不是这个意思……"

北宋文学家司马光在《训俭示康》中写道："顾人之常情，由俭入奢易，由奢入俭难。"

时至今日，这句话依然经常被拿出来作为训诫之言。对处于贫困状态中的人来说，让他什么都不付出就过上优渥的生活，他很快就可以适应。然而，当他适应了优渥的生活之后，突然把这一切夺走，让他重新回到贫困的生活中，他就没那么容易适应了。

人有趋乐避苦的本能，这或许可以作为"由俭入奢易，由奢入俭难"的心理学解释。如果从经济学角度分析，这句话有没有道理呢？倘若有的话，又该怎样解释这一现象呢？

在经济学家凯恩斯看来，消费是可逆的，即绝对收入水平变动必然会立即引起消费水平的变化。不过，他的这一观点遭到了经济学家杜森贝利的反驳，他认为这是不可能的，因为消费决策不可能是一种理想的计划，它还取决于消费习惯。这种习惯受多方面因素影响，如社会需要、个人经历及其后果等，特别是个人在收入顶峰时期所达到的消费标准，对于消费习惯的形成有重要的影响。

　　杜森贝利认为，一向过着高水准生活的人，就算是收入降低了，多数情况下也不会立刻降低消费水准，而是会继续维持相当高的消费水准。换言之，消费会随着收入的增加而增加，但不会轻易随着收入的减少而减少。就短期观察可发现，在经济波动的过程中，收入增加时，低收入者的消费会赶上高收入者的消费；但在收入减少时，消费水平的降低是很有限的。

　　这种不可逆的消费行为的存在，给我们敲醒了一个警钟：对于过度的、贪得无厌的奢求，一定要加以控制。如果过分放纵奢欲，就可能会出现古语里所描述的情形："君子多欲，则贪慕富贵，枉道速祸；小人多欲，则多求妄用，败家丧身。是以居官必贿，居乡必盗。"正因如此，许多成功的企业家即使拥有大量的财富，也依然对子女要求严格，让他们充分体验生活，感受到每一分钱的来之不易，懂得俭朴与自立。

　　不过，不可逆的消费行为在经济萧条、衰退和复苏时期，也有积极的效用，甚至可以让经济重新恢复繁华。在经济衰退期，虽然收入水平大幅下降，但当期消费的下降幅度是很小的，不会让繁荣时期形成的消费增量完全减少，这可以在一定程度上减缓总需求的减少，降低经济衰退的程度。直到经济再次达到繁荣，并超过前一次繁荣程度时，这种作用才会消失。

恋爱太费钱了，结婚会好一点吗

恋爱是一件美好的事情，但这份美好不是白来的，需要用心经营，还得花不少钱。如果赶上异地恋，就更甭说了，通信费、往返路费、烛光晚餐费、购置礼品衣物费，大大小小加起来，更是一笔不小的开销。

肖帅哥近日就在为异地恋的事情苦恼，他和女友是大学同学，毕业后因为工作原因分别两地，女友去了杭州，肖帅哥留在北京。起初，两人觉得现在的交通很便利，通信又发达，想见面没那么难。可是，真的开始了异地恋之后，两人才发现当初的想法太简单了。

恋爱中的情侣，往往是彼此最亲密的伙伴，在生活中不仅要扮演恋人的角色，还得承担知己的角色。女友在工作上遇到烦心事，第一时间就会给肖帅哥发消息。肖帅哥工作也忙，偶尔不能及时回复，俩人为了这件事，闹过几次别扭。女友心里想：要是都在同一个城市，下班能见面聊聊，就不会出现这样的事了！我何必着急忙慌地等一句你的安慰。

有了矛盾不能搁置，总要及时解决。怎么解决呢？唯一的办法就是视频，或者煲电话粥，一两个小时飞逝而过，有时甚至整晚都在抱着手机，其他事情都得放一边。有时，原本想加个班赶工作进度，却因电话粥给耽搁了，导致第二天的工作量加大，人也特别疲惫。

分别两地不能久不见面，肖帅哥和女友计划每两个月见一次面。从北京到杭州的高铁费，来回要 1300 元左右，还不算往返火车站的打车费用，以及途中的饮食消费。到了杭州，食宿费又是一笔钱，两人吃饭、逛景点也得花钱……见一面的代价，不只是舟车劳顿，保守估算还得支付3000~4000元的"见面费"。

偶尔一次还可以承受，连续一年下来，肖帅哥就觉得有点儿吃不消了。来回坐高铁太辛苦，坐飞机也不节省时间，而他每个月的工资也不过7000块钱，虽然家在北京不用租房子住，可生活费总得自己出啊！于是，肖帅哥脑子里冒出来一个想法：恋爱太费钱了，结婚是不是会好一点？

肖帅哥的想法有一定的道理，如果两个人在一起生活，许多"不必要"的费用就能省掉了。现实中也有不少人，为了想和对方靠得更近、减少交往的费用，做出结婚的选择。那么，这样做靠不靠谱，又能否实现初衷呢？

从经济学的角度分析，恋爱的花费是一种交易费用。所谓交易费用，就是独立的两个主体之间在交易过程中发生的所有种类的费用。通常，交易费用都是和其他不同的经济主体进行交易时产生的，如果自己买了一部手机，而后又卖给自己，这中间是不会发生交易费用的。

在跟其他主体进行交易时，往往都会订立合同，明确双方的责权利。不过，想要制定一份天衣无缝的合同是比较难的，倘若对合同的解释出现问题，或在履行合同过程中出现纠纷，抑或是发生了合同中没有提及的事项，就会导致交易费用增加。况且，人生处处都有意外，一旦出现预料之外的状况时，交易费用也会发生变化，有的很有可能会造成巨额的交易费用损失。

上述情况在商业合作中屡见不鲜，有些企业因为在合同上把数字分隔符打错了地方，平白无故地损失千万。所以说，难以预测的未来、不确定的市场环境、人为的判断失误，都有可能会增加交易费用。正因为如此，不少企业开始考虑自己直接设立分公司，减少与外部的交易，为自己减轻负担。

恋爱中的情侣为了节省交往费用而选择结婚，和与企业设立分公司试图内部消化交易费用，在本质上是一样的。这种做法能否实现节省费用的初衷，还要看两个人是否真的合适，如果在一起生活之后，三天两头地制造内部矛盾，希望内部消化交易费用的计划就会以失败告终。所以说，尽管恋爱有点儿费钱，但它是一个筛选与磨合的过程，倘若单纯是为了节省恋爱费用而匆忙地结婚，婚后发现彼此不合适又闹离婚，则损失会更大。

CHAPTER 3

权衡取舍：一切选择皆有代价

经济学是看待世界的一种方式，它不断提醒我，世界没有免费的午餐。走哪一条路都意味着放弃另一条路，而这可能会让我们最终感到遗憾。没有后果与代价的世界是一个没有选择价值的世界，没有责任的世界不是成人的世界，是动物、孩子或机器的世界。

——罗塞尔·罗伯茨

为什么说天底下没有免费的午餐

"天底下没有免费的午餐"，这句话你一定听过无数次，但你知道为什么会有这一说法吗？倘若只把它当成一句流传已久的民间俗语，那你就真小看了它的深意，这里面其实隐含着一个重要的经济学原理——权衡取舍。所谓"午餐"，是一种概括性的隐喻，象征着世间的许多事物；而"不免费"则意味着，任何一种"午餐"的背后都有代价。

那么，为何经济生活中需要权衡取舍呢？

从某种意义上讲，经济学就是研究资源配置的学问。美国经济学家保罗·萨缪尔森说过："经济学研究人与社会如何做出最终抉择，在使用或者不使用货币的情况下，来使用可以有其他用途的稀缺的生产性资源，在现在或将来生产产品，并把产品分配给各个成员以供消费之用，它分析改进资源配置形式可能付出的代价和可能产生的效益。"

人的欲望是无限的，但用于满足欲望的资源是有限的。面对选择，我们的内心往往是纠结的，因为"鱼，我所欲也；熊掌，亦我所欲也"。然而，当"二者不可兼得"时，我们必须要权衡两者的利弊得失，决定用哪些资源去满足哪些欲望，在取舍之间实现利益最大化。权衡取舍的过程，恰恰就是资源配置的过程。

假设一个家庭拥有 20 万的年收入，他们可以用这些钱购买食物、衣物、家电，也可以用这些钱计划家庭出游，还可以为家人购买保险，或是进行储蓄投资。当他们选择把 2 万元钱用于家庭出游时，就意味着在其他用途上要少花 2 万元。

假设一个学生周末要学习 10 小时，他可以把所有时间都用来学英语，也可以把所有时间用来学历史，还可以把时间任意分配给这两门学科或做其他事务。然而，当他决定花费 1 小时学习历史时，就意味着他在学习英语上缩减了 1 小时，同时也意味着他在其他事务（听歌、追剧、打游戏、逛街等）上也要少花费 1 小时。

上述情景告诉我们，生活处处都面临着权衡取舍。那么，为何经济生活需要权衡取舍呢？

坦白说，权衡取舍理论无法直接带给我们益处，告诉我们如何做出决策，比如：父母不该为了家庭出游、购买衣物放弃给家庭购置保险、做好储蓄投资；学生不该为了学习某一学科而放弃别的学科。但是，权衡取舍理论可以让我们了解自身面临的选择，意识到选择中"分析"的重要性，从而更加冷静、理智地做出适合自己的决策，让自己获得最大的收益。

女孩慧慧之前一直在琢磨：到底是留在大城市挑战一下自我，还是回到小城市陪伴在父母身边？就这个问题，慧慧把自己思考的要点全都罗列了出来，在权衡利弊后做出了决策。

·自身性格：喜欢挑战、喜欢新鲜事物、有好奇心 → 大城市更具挑战性，更适合慧慧。

·行业选择：想从事互联网行业，做媒体运营 → 大城市相关岗位多。

·生活便利度：大城市不如小城市舒服，大城市比小城市便利 → 两者不可兼得。

·职业发展：大城市比小城市的优势更多→更适合慧慧。

此外，她还想到，如果自己趁着年轻没有打造出任何核心竞争力，回到家乡也会不甘心；就算陪在父母身边，也不能指望父母接济自己，经济收入始终是不可回避的压力。在权衡利弊之后，她放弃了回到小城市陪在父母身边的想法，继续留在大城市挑战自我、发展事业。

不只是个体层面会面临权衡取舍，企业层面和社会层面也面临权衡取舍。比如：为了治理雾霾天气，企业需要在清洁的环境与高收入水平之间进行权衡取舍；政府实施的社会保障房建设、社会救助等，是在效率与公平之间做出权衡取舍；为了保护国家利益、人民生命财产的安全，在财政收入总额既定的情况下，我们必须在国防支出与其他支出之间做出抉择。

权衡取舍的经济理论再次提醒我们：有限的资源无法满足无限的欲望，我们必须要做出权衡取舍。只不过，由于每个人的情况不同，权衡的侧重点不同，取舍的对象不同，它无法为我们提供所谓的正确取舍的途径，也无法设立固定的权衡标准，一切都要具体问题具体分析。这一原理最大的价值和意义在于，让我们认识到生活中的权衡取舍是重要的，只有清楚认识自己面临的选择目标，才能做出利益最大化的合理决策。

鱼和熊掌不能兼得时，想想机会成本

汉·应劭《风俗通义》里记载了一个故事：

齐国某户人家生养了一个女儿，有两位男子同时向其求亲。东家的男子，模样长得丑，可家里条件好；西家的男子，才华横溢、风流倜傥，无奈家境贫寒。女子的父母很犹豫，便征询女儿的意见。考虑到女儿脸面薄，父母就告诉她："不便明说的话，你就伸出一只手，让我们知道你的意思。"

只见，女儿把两只手都伸了出来。父母面面相觑，不知何意。女儿解释道："东家条件好，我想在他家吃饭；西家男子俊，我想在他家住宿。"父母听得目瞪口呆，不知如何是好！

这就是"东食西宿"的典故，用来讽刺那些贪得无厌、什么好处都想要的人。很显然，女子的选择是无法成立的，在资源有限的情况下，为了得到自己想要的，必须要有所舍弃。放弃或享受东家的优渥生活两者只能选择其一，这正是经济学中所说的机会成本。

所谓机会成本，就是做一个选择后所丧失的不做该选择而可能获得的最大利益。当鱼和熊掌不能兼得时，选择吃鱼，就不能吃熊掌，熊掌就是选择吃鱼的机会成本；选择东家样貌丑陋的富家子弟，就不能再选西家贫寒的俊美男子，后者就是选择前者的机会成本。

选择之所以令人感到痛苦，正是因为任何一种选择都有机会成本。

机会成本通常是以时间为代价的，而人的时间和精力又是有限的，在相同的时间里做了这件事，就不能再同时做另外一件事。人们内心会纠结，害怕这一件事情没做成，也把其他事情耽搁了。那么，到底该怎么选择才能实现利益最大化呢？

实际上，对机会成本这个词语来说，"机会"是多余的。通常，我们在提到使用一个东西的成本时，往往都是指这个东西价值最高的其他用途的价值。"机会"这个词的存在，只是提醒我们：使用一项资源的成本，来自这项资源可以用于他途的价值。如果我们想要得到更多的利益，就必须将价值较小的一方作为选择的机会成本。

1973 年，比尔·盖茨进入哈佛大学法律系学习，但他对法律毫无兴趣，而是更喜欢计算机。19 岁那年，他有了创办软件公司的想法。那么，是要继续在哈佛读书获取学士学位，还是辍学去创业呢？比尔·盖茨陷入了纠结中：他是热爱学习的，渴望拿到哈佛大学的毕业证书，但计算机领域的研究也是他割舍不掉的……经过一番思考后，他选择了放弃学业，开办软件公司。时间证明，比尔·盖茨的选择是对的，1999 年微软公司让他荣登了《福布斯》杂志评选的世界亿万富翁的榜首。

就在那一年，比尔·盖茨回到母校参加募捐活动，有记者问他：是否愿意继续回来上学，弥补曾经的遗憾？比尔·盖茨微微一笑，没有做出任何回应。按照常理来说，他已经实现了创办软件公司的愿望，完全可以重回校园继续学习，为什么他不这样做呢？

从经济学角度分析，这一问题就很容易理解了。比起放弃学业继续经营公司，放弃经营公司重归校园的机会成本更大，他可能会失去世界首富的地位。同时，他在计算机领域即使水平相当高，上学对他而言，获得的利益几乎不可能比他经营公司的利益大。所以，他当然更倾向于成本较小、利益较大的选项了。

在进行决策的时候，人们都会用一种惯性思维想问题：如果我去做这件事，我会损失什么？现在，我们已经了解了机会成本这一经济学原理，那就要尝试用机会成本的思维去考虑问题：如果我不去做这件事，我可能会损失多少？

机会成本的思维，是把着眼点更多地放在未来，这也是一种战略思维。需要特别注意的是有些行为的成本是隐藏在事物背后的，如走私、偷窃等不法行为，虽然暂时可以获利，可毕竟触犯了法律，终有一天被绳之以法，机会成本就不可估量了。

成本一旦沉没了，就该相忘于江湖

明尼苏达大学的一位神经科学博士及其团队，进行了一项有趣的"餐厅探险"实验：

他们设计了一个含有 4 个鼠食餐厅的迷宫，不同的鼠食餐厅位于迷宫的不同位置，里面分别放置了葡萄、巧克力、酸奶、香蕉四种不同的食物。迷宫里的每一个餐厅都有两个区域，一个是进食区，一个是候餐区。

假设老鼠初次进入香蕉餐厅，它可以在进食区吃到香蕉这一特色美食，但量非常少，吃完就没了。如果老鼠想再次吃到香蕉，它就要在候餐区等一段时间，香蕉才会掉落在进食区。当然，在候餐区等待食物掉落的过程中，老鼠也可以选择放弃，转而去其他三个餐厅觅食。但无论去了哪个餐厅，它都必须要在该餐厅的候餐区乖乖等上一段时间，才能吃到美食。

整个实验的时间共计 30 分钟，这就意味着，合理分配时间对老鼠而言至关重要。那么，老鼠为了吃到特色美食，会做出怎样的选择呢？实验结果显示：老鼠选择在某一候餐区继续等下去的意愿，会受到已等待时间的影响。换而言之，在某一候餐区等待的时间越长，老鼠就越不愿意改变自己的决定。

其实，不只是老鼠会这样，很多人在现实生活中遇到相似的情境时，也会考虑到那些已经发生且无法收回的支出，如时间、金钱、精力等，并对之前的投入与付出感到难以割舍。

——下雨天的晚上，原本是想坐公交车回家，可是等了 20 分钟车还没来，于是就冒出了一个想法：要不打车回吧？可转念一想：都已经等了 20 分钟了，就这样放弃是不是太可惜了？万一公交车马上就来了呢？要不然再等等？

——朋友推荐一本书，心心念念地买了回来，拆开来看却发现，里面的内容和自己预想的完全不一样，有种失望的感觉。可是买书的钱已经花了，也读了一半，难道就这么扔一边吗？

——亲自带出来的一位下属，原来表现还不错，这一两年的业绩明显下滑，且态度也比较松懈，是要继续留他，还是另请高明？毕竟，培养他也花了不少的时间和心血啊！

——新入职一家公司，工作了三个月即将转正，但心里总是隐约地觉得，这份工作的内容以及整个公司的氛围，不是很符合自己的预期。可已经工作了三个月，马上就要转正，结束只拿 80% 工资的日子，这时候辞职是不是太亏了？

不得不说，为了上述问题纠结的人，都是不太懂经济学的。因为经济学中将一些已经发生、不可回收的支出，如时间、金钱、精力等，称之为"沉没成本"。从理性的角度来说，沉没成本不应该成为当前决策的考量因素，因为沉没成本代表了过去，是指由于过去的决策依据发生了的，而不能由现在或将来的任何决策改变的成本。

只是，人们出于想要挽回成本的心理，在当下做决策时，会把之前的投入考虑进去，难以舍弃。那么，沉没成本到底算不算成本呢？成本经济学对成本的定义是"放弃了的最大代价"，成本一旦沉没了，就不再是机会成本，也不能够作为现在或将来决策的参考变量。

一个理性的经济人在做出决策的时候，都会涉及沉没成本与机会成本。只是，很多人由于思维的错位，经常会将两者相混淆，反而做出了不利的选择。大多数经济学家们认为，如果你是理性的，就不该在做决策时考虑沉没成本。

　　了解这一经济学概念，对我们的生活也有启示：过去所说的话、做过的事，无论对与错，无论后悔与否，都已经无法更改，这与沉没成本的道理是一样的。昨天的成本已经付出了，是赢是亏都是昨天的支出，从今天来看，这些都属于沉没成本。如果总是后悔莫及、悔不当初，不仅无济于事，还会给自己制造更多的痛苦。

如果电影无聊透顶，起身离开吧

人们之所以对沉没成本念念不忘、难以割舍，无外乎是害怕浪费资源，憎恶损失。毕竟，在正式完成一项任务前，投入了成本，如果得不到好结果，就相当于之前的一切都白费了。正因为此，我们才会对沉没成本感到惋惜和眷恋，继续保持原来的选择。

然而，这样处理问题，真的理性吗？可以帮我们减少损失吗？

西蒙每天都要搭乘公交车上班，从他住的公寓到公司有两个选择：

选择一，直接坐大公交车，但不能直达公司，需要走一段路，穿过一个超市和一个早市，大约需要 10 分钟；选择二，步行到街角，在大约 30 米开外，搭乘小巴直接到公司。鉴于每天要带便当和电脑，穿过早市很不方便，西蒙通常都会选择乘坐小巴直达公司。

一天早上，西蒙在小巴站点等车。因为小巴车每次发车间隔的时间较长，也不太准时，西蒙等了很久，依然不见小巴车的影子。他心想：已经等了这么长时间了，再等等吧！凭经验，如果能在 7 点 40 分坐上小巴车，一般是不会迟到的。

时间很快就到了 7 点 40 分，小巴车还是没来。无奈之下，西蒙只好选择坐出租车，可这个时间点儿，出租车也不多了。更倒霉的是，虽然最后搭上了出租车，却还是因为堵车迟到了。结果就是，西蒙不但花了打车的钱，还失去了全勤奖。

无须多说，如果当下做决策时，总是考虑沉没成本，极有可能会干扰我们的判断，做出非理性的决策。待到那时，不只是沉没成本收不回，还会导致机会成本的损失。

诺贝尔经济学奖得主、美国经济学家斯蒂格利茨曾经做过一个比喻："假如你花费 7 美元买了一张电影票，你会怀疑这个电影是否值 7 美元。看了半小时后，你最担心的事得到了证实：影片糟糕透了。此时，你应该离开影院吗？在做这个决定时，你应当忽略那 7 美元，它是沉没成本，无论你离开影院与否，钱都不能收回。"

通常，沉没成本都是显性的，而机会成本是隐性的，所以我们经常会因为过分关注沉没成本而忽视机会成本。斯蒂格利茨从经济学的角度告诉我们，这样做的结果得不偿失，我们对待沉没成本的正确态度，应该是忽视和舍弃！如果怕浪费买票的钱，强迫自己看一场根本不喜欢、不满意的电影，不仅买电影票的钱回不来，而且要在电影院里百无聊赖地浪费时间。如果起身离开，还可以用剩余的时间去读读书、锻炼一下身体，这无疑也是一种收获。

从经济学的角度来看，理性选择倾向于机会成本低的东西，而放弃机会成本高的东西。当沉没成本收不回的时候，减少机会成本的损失，才是理性的选择。权衡取舍贯穿着我们的整个人生，很多时候我们必须有勇气放弃那些并不真正需要的东西，才能有更多的时间和精力去抓住自己真正感兴趣的、能给自己创造利益的东西。

想要摆脱沉没成本的束缚，我们可以借鉴日本杂物管理咨询师山下英子提出的"断舍离"理念。断，代表着绝对，准确判断哪些是沉没成本，当机立断；舍，敢于舍弃不喜欢的、不需要的东西，无论曾经花费了多少时间和精力，没用了就要舍弃；离，远离沉没成本，着眼于当下，理性做出有利于现在和将来的决策。

因祸得福的幸运，终究是小概率事件

20 世纪 60 年代，英法两国政府联合投资开发大型超音速客机，即协和飞机。该种飞机机身大、装饰豪华并且速度很快。这一开发可谓是一场豪赌，但是设计一个新引擎的成本就高达数亿元。政府高度关注此项目，竭力要为本国企业提供大力支持。

项目开展不久，英法两国政府发现：继续投资开发这样的机型，花费会急剧增加，但这样的设计定位是否能够适应市场，暂时不得而知。可是，要停止研制也很可怕，先前的投资将付之东流。随着研制工作的深入，他们更是难以做出停止研制工作的决定。协和飞机最终研制成功了，但因为飞机存在耗油大、噪音大、污染严重、运营成本太高等一系列的问题，不适宜市场竞争。英法政府为此蒙受了巨大的损失。

其实，在研制的过程中，如果英法政府能及早放弃，是可以减少损失的。很遗憾，他们没有那么做，因为在决策的时候，他们也没能逃得过对沉没成本的贪恋。到后来，由于飞机出现种种问题，才无可奈何地宣布协和飞机退出民航市场。

很多时候，我们已经意识到有些事情进展到一定程度时，并不适宜再继续下去了。然而，苦于之前倾注了大量的心血，依然还是选择将错就错。生活中经常会见到这样的情形：母亲希望自己的孩子学习音乐，就给孩子买了一架钢琴。可惜，孩子生性好动，喜欢体育运动，对音乐完全无感，根本就不愿意碰琴。母亲觉得，乐器都买了，如果不学就白花钱了。

为了让孩子喜欢上音乐，母亲特意请了一位音乐学院的钢琴老师，给孩子进行专业辅导。然而，这样的用心良苦并没有让母亲如愿，孩子依旧对音乐不感兴趣。母亲每个月支付着昂贵的家教费，可孩子的钢琴水平并没有得到多少提高。半年以后，母亲被迫选择放弃。

纵观整件事情可以看出：母亲最初是为了不浪费购买钢琴的投入，强迫着孩子去学，并再次支付了私教费用，结果孩子还是学不进去。这样一算，浪费得更多。其实，母亲这么做，不全是因为不理智，更多的是被沉没成本绑架，陷入了欲罢不能、进退两难的困境。

在炒股、择业、投资等方面，我们也可能遇到类似的情况：明知道情势不好，却不愿割舍之前的投入和付出，抱着侥幸心理，或者自欺欺人地去追求可能性非常渺小的收益，结果却在同样的事情上付出了更大的成本。不可否认，这个世界上确有因祸得福的情况存在，可那终究只是小概率事件。

要避免陷入这样的困境，在开始做一件事情之前，我们就要慎重考虑。在掌握了足够信息的情况下，对可能的收益和损失进行全面的评估；一旦发现事情发展的势头不好，要勇敢地承认现实，及时停止当前的行动，以免造成更大的损失。

这是一种止损思维，对摆脱沉没成本的陷阱发挥着重要的作用。在实际生活中，当我们发现情况不妙时，即刻设置一条"止损线"，只要触碰到了这条线，无论之前在这件事情上付出了多少，都要立刻做出改变。比如，股票下跌了，跌到止损线，立刻抛售；电影不好看，再看 10 分钟，依旧觉得无聊透顶，起身走人；工作不符合预期，再干一个月，还是没有好转，立刻换工作。在错误的道路上，停止就是前进；在错误的事情上，每耽误一秒都是浪费。

一次输赢不算什么，懂得取舍才是王道

有一种体积很小的海洋软体动物——海参，身上长满了肉刺，主要以海底藻类和浮游生物为食。与海里的那些庞然大物相比，它们微不足道，但有一种"特异功能"：在遇到庞大的对手时，瞬间把自己的五脏从体壁的裂口抛出来，然后快速地躲进洞穴里。丢了肠肚的海参，并不会就此死去。它在洞里休息几十天，肚子里还会长出新的内脏。

对海参来说，抛出肠肚的行为并不会让它真的死去，那不过是关键时刻保命的一种手段。自然界中还有一些动物，也懂得运用这个策略，比如壁虎。遇到危险的时候，它会断尾求生。

从动物的行为中，我们能领悟到很多东西。人生最痛苦的时候莫过于选择，因为有选择就有放弃。对一个人来说，如何选择是一种感情的考验，更是一种智慧的考验。象棋上有一招叫"丢车保帅"，海参和壁虎的逃生方式，就是这一策略的现实版本，即舍弃一些相对次要的东西，维护相对重要的东西。

曹操在攻打袁术的时候，部队粮草紧缺，粮草官前来请示曹操。曹操说："可以先用小斛（比平时用的斗小得多）分发给众将士，暂且救一时之急。"粮草官觉得此法不妥，说道："这样做的话，士兵一定会抱怨，到时我们该怎么办？"曹操胸有成竹地说："放心，我自有办法。"

粮草官按照曹操的指令，给将士们用小斛分发了食物。果然，晚上军营里便怨声四起，众人皆言"丞相欺众"。这时，曹操偷偷地把粮草官叫来，说问他借一件东西，以稳定军心，希望他不要吝惜。粮草官问："丞相欲用何物？"曹操说，要借他的头示众。

听到曹操说出这番话，粮草官顿时愤慨万分，他争辩道："我没有罪，我完全是按照您的指示来做事的。"曹操说："我当然知道你没有任何过错，可如果我不杀你的话，众将士就会造反；你死后，我会善待你的家属，放心吧！"曹操随即贴出布告：粮草官故意用小斛散发米粮，盗窃军粮，已正军法。就这样，粮草官被斩首示众，军心终于稳定了下来。

粮草官明明是按照曹操的旨意办事，但最终却被杀了头。有人觉得这是曹操的"奸诈"，让粮草官替自己挨骂名。但若从大局上看，粮草短缺是事实，曹操如果不忍痛"舍车"，就不可能稳住军心。对于一个大军的领导者而言，这样做无疑是"舍小取大"。

我们可能不会遇到和曹操一样的问题，但是他这种做法却有值得我们借鉴和学习之处。人的一生中总有很多事情需要做出决定，而且每个决定都很重要。如果同时有好几个问题摆在你眼前，而且都需要第一时间得到解决，该怎么办呢？

这个时候，要懂得用经济学思维做决策，无论是"二八法则"还是"权衡取舍"，都为我们指明了方向：选一个最重要的决定，集中精力去执行这个决定。其他的决定，虽然也很重要，但在时间有限的条件下，就要选择放弃。

生活中的赢家，多半都是懂得从经济学角度思考问题的人。可能你过去没有注意过这一方面，甚至认为这并不重要，那是因为你还没有遇到一些繁杂的问题。当你面临一个重大决策的时候，如果不懂得权衡取舍，就会觉得难以选择，甚至做出错误的决策。

在小利和大利面前，我们必须舍得放弃较小的那部分，保全较大的部分，做一个能够权衡利弊的人。在面对危机的时候，也要懂得牺牲局部、保全大局，这与海参舍弃肠肚保命、壁虎断尾求生是一样的道理。

人生如棋，为了保住帅，暂时丢掉车并不可惜，因为还有取胜的机会。若是不舍得牺牲小利，到最后可能大利和小利全都错失了。生活最考验人的地方，不是如何做赢家，而是如何取舍，避免让自己落得一败涂地。只要青山在，不愁没柴烧。

到底是自己做饭划算，还是叫外卖划算

终日为了工作忙碌奔波，还要兼顾家庭和孩子，现代人的心声大都是：怎一个累字了得？如果经济基础良好，物质条件优渥，请保姆来料理家务，自然可以轻松不少。关键是，并非所有家庭都具备请保姆的条件，这就让人在"吃饭"的问题上产生了纠结：到底是自己做饭，还是叫外卖解决呢？

关于如何选择，不同的人有不同的看法：有人觉得，自己做饭经济实惠，吃得又健康；有人觉得，叫外卖节省时间和精力，省下来的工夫可以去处理更重要的事。这么一对比，我们会发现，两者说的都有道理，各自有各自的立场。

那么，我们该如何权衡哪一种选择更适合自己呢？

经济学提醒我们，权衡取舍时要考虑机会成本，而机会成本中涵盖着时间成本。我们耳熟能详的那些格言，如"时间就是金钱""时间就是生命"，无疑都喻示着这一点。在这个商品极为丰富的时代，没有什么东西是必然稀缺的，因为很容易找到功能相似的替代品，除了时间。在强调时间和高效的现代社会，任何能够帮助人们节省时间的商业创意，都会受到人们的欢迎，这也成了商家赢得商机和超越对手的利器。

至于选择自己做饭，还是选择叫外卖，不能单纯地从"一顿饭的价格"上考虑，更要考虑时间价值。不可否认，时间对每个人都是有价值的，但它对每个人的价值也是不一样的。可能你会问：我如何才能知道自己的时间价值呢？

英国沃维克大学的扬·沃克教授推导出一个有关时间价值的公式：

V={W[（100-T）/100]}/C

公式中的字母，代表含义如下：

V：每小时的价值

W：每小时的工资

T：税率

C：当地的生活开销

利用这个公式，沃克教授计算出当时英国男人平均每分钟的时间价值是 15 美分，而英国女人的时间价值是每分钟 12 美分。这也是说，一个英国男人一小时的工作收入是 9 美元，一个英国女人一小时的工作收入是 7.2 美元。

研究还发现，英国人自己准备晚餐的成本，包括时间价值和其他原料的成本，男人自己动手做晚餐的成本是 15.72 美元，女人自己动手做晚餐的成本是 14.3 美元；而通过外卖的方式获得晚餐的成本，男人是 7.31 美元，女人是 7.24 美元。

借助这个公式，我们可以计算自己从事每一项活动的价值，以及机会成本。了解了自己每小时的价值，就能够判断究竟是自己做饭合适，还是叫外卖合适？

如果你是一位中层管理者，年工资是 2.5 万美元，每小时的价值是 6.44 美元。这样计算的话，你自己动手做一顿饭要花掉 10 美元的时间，加上原材料的准备和饭后洗碗收拾等时间，做一顿饭俨然要比叫外卖贵得多，所以自己做饭是不划算的。通常来说，工作技术含量较低，每小时的价值就较低，选择自己做饭就比较合适。

　　人与人之间的时间价值不等价，就会产生机会成本，而机会成本的存在就是人与人之间进行交易的前提。正因为此，随着时间价值的上升，不少人开始通过购买的方式来满足自己的部分需求，以此来节省稀缺的时间，提高办事效率，换取更多灵动的自由。所以，网络缴费变得越来越盛行，市场上还诞生了钟点工、美团跑腿之类的服务。

　　下一次，在你思考是自己做饭还是叫外卖，是打车还是坐地铁之前，计算一下自己要付出的时间成本价值是多少。这样的话，有助于帮你做出更经济的决策。

明知道楼下商店卖烟贵，为什么还要买

北京有一条公交线路，从最西边的石景山古城发车，贯穿长安街一直到最东边的通州，顺利的话全程要一个半小时。赶时间的人，特别是上班族，如果要从始发站去终点站，会优先选择地铁，毕竟这条线路太长了，赶上堵车的话，实在令人焦心。

不过，也有人会选择摇摇晃晃从头坐到尾，那就是年龄在60周岁以上、退休在家、不用带娃的老年人。他们乘车是免费的，而终点站刚好又有一个菜市场，买菜非常便宜。他们权当娱乐，一路看着风景，到菜市场买便宜的菜，再坐回来，半天时间就打发出去了。

对上班族来说，他们在选择出行方式时，一定会考虑到往返的通勤时间以及要耗费的精力。如果只为了省一点钱，选择乘坐公交车，从经济学的角度看，交易成本实在太高了。

交易成本，又称交易费用，是由美国经济学家罗纳德·科斯提出的。他在《企业的性质》里提到，交易成本是通过价格机制组织产生的，最明显的成本就是所有发现相对价格的成本，市场上发现的每一笔交易的谈判和签约费用，以及利用价格机制存在的其他方面的成本。

假设上班族小赵早起乘坐这趟超长线路的公交车通勤，他早上6点半抵达车站，由于排队的人太多，第一辆车没上去，又等了一趟。没想到，一路红灯，拥挤的车厢和频繁的起步停车，让小赵产生了晕车的难受感。

最令他气愤的是，好不容易到了公司附近，竟然碰上了剐蹭事故，为了赶时间，小赵只好选择步行走到公司。赶上上班高峰时间，办公楼的电梯也需要排队，小赵急出了一身汗。

紧赶慢赶，最后公司打卡机上显示的时间，还是向小赵宣告了一个残酷的事实——你今天迟到了 10 分钟，扣 50 块钱！对小赵来说，乘坐这趟公交车一路花费的时间、精力，步行走到公司的时间和体力，以及迟到造成的 50 块钱的损失，都属于他的交易成本。

在现实生活中，为了实现自己的交易行为，我们都要以不同形式支付交易成本。最简单的例子，一位烟民明知道楼下商店出售的香烟每包比烟酒批发部贵 5 毛钱，可他还是会去那买。原因就在于，这个行为本身包含了交易成本。

虽然楼下商店卖的烟每包贵 5 毛钱，可是到楼下就可以买到。如果去烟酒批发部，可能要开车、乘车，抑或是走很远的路，这个过程中消耗的时间和精力是买者不想支付的。多花 5 毛钱，省时省力，对多数人而言都是划算的。楼底下的商店，自然也考虑到这一点，所以他们在定价的时候，也把交易成本算进去了。

可以说，交易成本是人与人之间进行交易必须付出的成本，但对不同的人而言，其自身的交易成本也是不一样的。如开篇时提到的坐半天长途车买菜的退休老人，他们在时间充裕、免费乘车的情况下，到终点站的菜市场买便宜菜，就是合适的选择。毕竟，在满足消遣需求的同时，又能买到便宜的蔬菜，就是降低了自己的生活成本。可对于年轻的上班族来说，乘坐地铁的费用是贵了一点，但省下来的时间和精力能够更好地用来工作，还不至于因迟到而被扣工资，惹得自己满心郁闷。

单身不是因为年龄大，是婚姻的机会成本高

当今时代，越来越多的女性选择独身，对于这一现象，人们津津乐道。导致这种现象的原因有很多，那么从经济学的视角来看，这又能带给我们哪些启示呢？

在经济学家看来，爱情和婚姻与人类的其他行为一样，寻求的都是实实在在的利益。所以，都要进行符合经济学效用最大化的理性分析，再做出理性的选择。从这个角度来说，单身也是一种经济理性的选择。

任何一种选择都是有代价的，进入婚姻就意味着要放弃一部分的个人自由，还要投入大量的时间和资金，婚后培养和维系感情还需要投入一些流动资本。通常来说，单身女性步入婚姻的"机会成本"更高，这就使得她们宁愿选择独身。

旧时代的女子很少会选择单身，因为她们没有经济地位，无法独立生存，需要通过嫁人来维持生活。现代社会的情况就不一样了，一个优秀的、经济独立的单身女性，有相对稳定或丰厚的收入，有远大的前程，如果为了婚姻要牺牲太多个人利益，她会舍不得。

从自身条件上来说，她们不是找不到伴侣，而是因为婚姻的机会成本太高，不如单身带给自己的预期回报多，所以单身就成了自然而理性的选择。可以预测，社会提供给女性的工作和发展机会越多，单身女性的群体就会越大。

从另一个角度来说，选择事业的单身女性有更高的"沉没成本"。一个女孩子 20 岁时爱上一个人，可以选择跟他去天涯海角，那时候的她没有太多的沉没成本。可是，在职场打拼了十几年，已成了公司的中层，在大城市里有了立足之地，此时她的沉没成本已经很高了。此时，让她为了爱情放弃现有的一切，到中小城市里生活，那是很难的。除非，她能够在婚姻市场中获得更高的回报，收回或超过她在事业上的投资，否则是不太可能的。所以，单身女性的事业发展得越好，越希望有好的感情来获得补偿，可是在期望值很高的情况下，婚姻的选择就变得更加不易。

不过，事物永远处于变化之中。婚姻属于耐用品，且可以逐渐增值。年轻时，女人容易获得婚姻，只是机会成本大；随着年龄增长，婚姻的机会成本变小，而婚姻的效用会逐渐凸显，如情感的寄托、心灵的归属、对孩子的喜爱。此时，事业带来的效用会出现边际递减。所以，这个阶段可能会出现转折，单身女性降低自己对婚姻的条件，放弃对爱情不切实际的幻想，走进现实的婚姻生活。

总之，无论怎样选择，都涉及利益权衡的问题，只是这里的利益涵盖了感情而已。单身是一种处于理性经济思考的选择，单身多年后选择进入婚姻，也是经过了一系列的理性分析和思考。婚姻选择这件事中牵涉的"经济"，我们或许可以这样来诠释：精心地规划自己的人生，做出符合自己心意的选择，就是经济。

听妈妈的话，到了婆家不要一直做好事

女孩出嫁之前，妈妈给了她一句忠告："到了婆家，不要一直做好事。"

女孩听后，百思不得其解。妈妈平日里说话做事很理性，偶尔也透着一股精明，但三观一向是很正的。而今，怎么说了这样一句话呢？在婚嫁典礼上，不都强调"孝敬父母"吗？

人生的弯路，有时是不得不走的。婚后一年，女儿方才领悟妈妈的教诲：在婆家一直做好事，婆家会认为这个媳妇生来如此，慢慢地就把这些好视为理所当然，还可能会变本加厉！

或许，这位妈妈只是作为"过来人"，把自己的生活经验传授给女儿；也可能，这位妈妈是了解经济学的，懂得边际效益递减的规律。毕竟，一个人做一件好事不难，难的是一辈子做好事。做的好事多了，别人就习以为常了，也不会再有最初的那份感动和感激。

在激励人的古训里，我们时常会看到这句话——"一分耕耘，一分收获"，意思是劝诫人们踏踏实实地做事，勤勤恳恳地付出。然而，付出得越多，收获得就越多吗？如果了解经济学，你就会知道，投入成本与收益之间不一定是对等的。

想要农作物长得好，浇灌施肥是必须的。不过，有一个常识我们都了解：随着肥料的增加，农产品的产量先是递增的，可当达到一定浓度后，再增加肥料，农产品的产量就会递减。农民们多半会说："化肥上太多了，全都被烧死了。"

作为理性经济人，我们都希望效益越多越好，这是本性使然。可现实的情况却不以人的意志为转移，生产要素的投入和效益之间不成正比例关系。换句话说，不是投入的成本越大，收益就越大，一分耕耘未必能总能换得一分收获。

当把一种可变的生产要素投入一种或几种不变的生产要素中时，最初这种生产要素的增加会使产量增加，可当它超过某一限度时，增加的产量就会递减，最终还会使产量绝对减少。这种现象的普遍存在，就是经济学中的边际效益递减规律。

为什么会出现这样的情况呢？因为边际产量递增是生产要素潜力发挥、生产效率提高的结果，可到了一定程度后，生产要素的潜力耗尽，生产效率下降，就会使得边际产量递减。最简单的例子就是，一个人饥寒交迫的时候，你给他一个包子，他觉得简直到了天堂；吃第二个包子时，还是觉得很幸福；到了第三个、第四个时，幸福感就慢慢减弱了；等到了第十个包子，你再让他吃，他可能会觉得恶心反胃，怎么都咽不下去。

那么，怎样才能保证以最少的成本获得最大的收益呢？

这就要求我们把握好一个"度"，也就是所谓的"边际"。简单来说，当一次新增的成本投入不能带来更长远的、更大的利益时，这样的成本投入就应该放弃。在现实生活中，投入多少成本才能换得最佳收益，没有标准的答案，它取决于个人的实际情况。

假设你经营一家设计工作室，最开始是 2 个人，随着业务的增多，你把规模扩展到 5 个人，此时效益非常好。接着，你扩大到了 10 个人，每月的房租、工资、后勤等费用大幅提升，但效率和效益都开始下滑。这就提示你，10 人的规模是不合适的，你需要慢慢进行缩减，在 5~10 之间找到那个最恰当的"度"。假设你是经营一家代工厂，每天承接上万件的产品，那么无论是人员还是厂房规模，都需要另当别论。

边际效益递减规律，对我们的生活也大有裨益，特别是在人际相处方面。我们的精力和能力是有限的，可人的欲望是无限的，我们无法用有限的精力去填补他人无限的欲望。如果试图用尽善尽美的方式巩固关系，不仅累死累活，一旦无法持续，还会遭到挑剔和责备。对他人好可以，但这份好不能是无偿的，要学会"标价"。这种标价不是向对方索取费用，而是用行动告诉对方，你的好来之不易，这样对方才会珍惜。

CHAPTER 4

市场逻辑：认识看不见的"那只手"

市场经济是唯一自然、合理和能够带来繁荣的经济，因为它是唯一能反映生活本质的经济。生活的精髓就在于它无穷无尽和神秘多样，因而就生活的完美性和变幻性而言，任何中心人物的智慧都无法加以涵盖和设计。

——维克拉夫·哈韦尔

理想的市场竞争状态是什么样

牛顿第一定律告诉我们：物体在不受任何外力作用的情况下，总会保持匀速直线运动状态或静止状态。不过，这个实验是无法在现实中进行的，因为没有办法彻底消除摩擦力。在经济学中，也存在这样一个理论，即完全竞争。

所谓完全竞争，也称为纯粹竞争，是指一种购买者与销售者的买卖行为对市场价格没有任何影响的市场结构。概括来说，它具有以下几方面的特点：

特点1：市场上有许多经济主体，这些经济主体数量众多，且每一个主体规模较小，任何一个人都无法通过买卖行为来影响市场上的供求关系，也无法影响市场价格，每个人都是市场价格的被动接受者。

特点2：产品是同质的，任何一个生产者的产品都是无差别的。

特点3：市场资源是完全自由流通的，劳动可以无障碍地在不同地区、不同部门、不同行业、不同企业之间流动，且任何一个生产要素的所有者都不能垄断要素的投入。新资本可以自由地进入，老资本可以自由地退出。

特点4：所有人都掌握着关于市场的全部信息。

看完上述的四个特点，相信大家已经明晰，这完全是一种理想化的状态，现实中找不到这样的市场。不过，现实中是否存在真正意义上的完全竞争市场并不重要，重要的是在假设的完全竞争条件之下，市场机制如何调节经济？完全竞争是经济学家分析市场的起点，只有从具体事物中进行抽象，才能够了解事物变化的一般规律。过于具体的话，反倒不利于揭示复杂现象的内在本质。这，恰恰就是完全竞争的理论价值。

从经济学角度看，没有竞争是不可能的。即便是垄断或专利，也不过是压制了某种竞争，增加了另外一种竞争。即便是在没有市场的社会中，竞争也从未消失，只是形式多样而已。

对于竞争这件事，我们需要正确看待：没有对手并非理想的状态，强大的竞争对手是增强一个企业或个人斗志和精力的源泉；在没有竞争的环境下，人很容易丧失斗志和进取心。所以，不必用敌意的目光看待对手，也不必用胆怯的目光回避对手，勇于挑战、虚心学习，才能取其所长，让对手的经验为己所用，获得更加长远的发展。

"唯一的卖主"能漫天要价吗

有位青年到某小镇出差，一路舟车劳顿，到了目的地后，他赶紧找了一家浴池，想洗个热水澡放松一下。没想到，这家浴池的费用很贵，且排队的人也很多，要先交 20 元钱才能领号，否则的话，没有排号资格。

好不容易轮到了青年，他刚走到浴室门口，服务生又要求他交 15 元钱的喷头初装费。青年觉得莫名其妙，可又懒得争辩，就交了钱。刚准备进去，没想到又被服务生拦住，声称这里洗澡是按照时长收费的，半小时 5 元钱……听到这里，青年非常生气，说："早知道这么麻烦，我就不在这洗了。"

服务生听完后，一脸淡然地说："先生，没有办法，洗澡业在这个镇上属于垄断经营，幸亏您没泡澡，不然的话，还得加收'漫游费'呢！"

无论这个小笑话的真实性有多少，我们需要留意服务生提到的一个经济学名词：垄断。所谓垄断，通俗解释就是"唯一的卖家"，是一种与完全竞争市场相对立的极端形式的市场类型，也称为纯粹垄断市场。

从理论上讲，完全垄断必须同时满足三个条件：其一，在完全垄断市场上，只有一个生产者，其产量就是整个行业的产量或供给量；其二，该生产者提供的产品，不存在相近的替代品；其三，进入该市场存在障碍。在现实中，真正满足这三方面条件的市场，几乎是不存在的。毕竟，人们总会找到各种不同的替代品。

通常来说，垄断市场的形成主要有以下几方面原因：

第一，自然垄断。

有些行业因为客观技术条件的限制，需要进行大规模固定资本设备投资，实现大规模生产经营，获得规模经济效应，降低生产成本、提升盈利。但是，这种高效率的生产规模相对整个市场而言太过庞大，以至于只需要一家厂商的生产就能满足整个市场的需求。这种因为市场需求和社会化大生产技术等非人为因素造成的垄断，就叫作自然垄断。

第二，原材料控制。

如果一个生产者控制了生产某种产品所必需的基本原材料的供给，而且这种原材料没有相近的替代品，这个生产者实际上就控制了使用该原材料的产品的供给，继而形成垄断。

第三，技术专利权。

所谓专利权，就是政府授予某个生产者或个人独自使用自己发明创造的生产某产品的技术，或享受相应经济利益的权利。当一个生产者拥有了某项产品或技术发明专利时，通常会受到法律保护，其他生产者就不能生产该产品或使用该项技术，于是这种技术就导致了产品市场的垄断。

当整个行业中"只此一家"时，这个生产者就会成为价格的决定者，而不必被价格左右。完全垄断市场上的商品价格，远远高于完全竞争市场上的商品价格，垄断企业也会因此获得超过正常利润的垄断利润。更重要的是，其他生产者无法加入该行业进行竞争，这种垄断利润就会长期存在。

这是不是意味着，垄断企业可以实现唯我独大、随意涨价呢？

现实没有那么理想！垄断企业也不能够随意地抬高价格，因为任何商品都有其替代品。这就好比，当人用不起电池供电的灯时，可能会选择点蜡烛。你制定了过高的价格，就有可能抑制一部分人的消费，导致需求量下降，企业也就没办法实现最大利润。更多的时候，垄断企业会根据需求状况的变化，以及不同的消费群体，制定出有区别的价格：对于需求价格弹性小的，采用高价策略；对于需求价格弹性大的，采用低价策略。

强者不孤独，寡头会联手消灭弱者

    1977 年，一个冒失的英国人弗雷迪·雷克闯进了航空运输市场，创建了雷克航空公司。

    雷克公司一出手，就采取了低价策略。当时，从伦敦飞往纽约的航班，最低票价是 382 美元，而他直接把这个价格拉低到 135 美元。超低的价格自然赢得了消费者的青睐，雷克公司也实现了"开门红"。到了 1981 年，该公司的年营业额已经达到 5 亿美元，这一成长速度令人惊叹。然而，仅在一年之后，雷克公司却宣布破产，彻底退出了市场。

    出了什么事呢？原来，包括泛美、英航、环球和其他几家公司在内的竞争对手们，针对雷克公司展开了一系列的联合行动，大幅降低票价，甚至比雷克的价格还要低。当雷克消失后，他们的票价又提升到原来的水平。不仅如此，这些公司还达成协议，运用各自的影响力阻止各大金融机构向雷克公司贷款，让其难以筹措资金进行抗争，这也加速了雷克公司的破产。

    通过这个案例，我们不难看出：强者不是孤军奋战的，它们会强强联手，共同消灭弱者，从而维持彼此之间稳定的利益瓜分格局。泛美、英航、环球等几家航空公司，就是航空运输市场中的超强"寡头"，他们针对雷克采取的一系列措施，无疑也在昭示着一个信息：任何人企图加入跨越大西洋的航空市场分一杯羹，都要想到可能会面临破产的厄运。

那么，什么是寡头呢？简单来说，就是少数几家厂商垄断了某一行业的市场，控制了这一行业的供给。在这种市场上，几家厂商的产量在该行业中的总供给占据了很大的比例，每家厂商的产量都占有相当大的份额，且每家厂商的决策都会对整个行业以及其他企业，造成重大的影响。与此同时，这几家厂商之间又存在着不同形式的竞争。

　　之所以会出现寡头市场，是因为某些产品的生产必须在相当大的生产规模下进行，才能够收到较好的经济效益；或是行业中几家企业控制了生产所需要的基本资源的供给，抑或是获得了政府的扶持，等等。在成因方面，它和垄断市场有很大的相似之处，只是程度略有不同而已，是一种接近垄断市场的市场组织。

　　寡头市场既有优势，也有不足。长期以来，寡头市场的市场价格高于边际成本，企业利润有稳定可靠的保障，但由于缺少竞争者的加入，使得寡头企业在生产经营上积极性不足，导致其效率降低。只不过，寡头企业规模较大，方便大量地使用先进技术，这也是其效率较高的一面。为此，不少国家都在尝试"扬长避短"，尽量让寡头市场发挥高效的一面，又制定相应政策遏制其低效的一面，有效地保护与寡头企业密切相关的其他中小企业的权利，打击垄断，促进寡头市场的竞争。

市场不是你想卖什么都能卖出去的

1840 年，鸦片战争爆发，英国用武力的方式打开了中国的大门。

英国商人们沾沾自喜，以为这样就可以打开中国的广阔市场。当时，英国棉纺织业中心曼彻斯特的商人估计，中国有 4 亿人口，如果有 1 亿人晚上戴睡帽，每人每年用两顶，整个曼彻斯特的棉纺厂日夜加班都忙不过来呢！这还不包括衣服。于是，英国商人们把大量的洋布运到中国，希冀着发一笔大财。

然而，这一切只是预想，现实结果让他们大失所望。中国当时是自给自足的封建经济，也形成了保守、封闭甚至排外的社会习俗。鸦片战争确实打开了中国的大门，可中国人的消费习惯却没有改变。当时，上层人士会穿丝绸，可普通老百姓都穿自家织的土布，晚上睡觉更不会戴睡帽。所以，英国的洋布在中国根本卖不出去！

经济学家萨缪尔森曾说："学习经济学是再简单不过的事了，你只需掌握两件事，一个叫供给，一个叫需求。"英国的洋布之所以打不开中国的市场，就是因为只有供给没有需求，导致了供求失衡。那么，到底何谓需求，何谓供给呢？两者之间又存在怎样的关系呢？

需求，是指消费者在一定时期内，在各种可能的价格下，愿意并能够购买的商品的数量。如果消费者对某种商品存在购买的欲望，但没有购买的能力，也不能认定为需求。

供给，是指生产者在一定时期内，在各种可能的价格下，愿意并能够出售该商品的数量。如果生产者对某种商品只提供出售商品的欲望，而没有提供出售的能力，也不能认定为供给。

在市场上，不是生产者随意生产一种货物都可以卖出去，必须要有人对某种商品存在需求，生产者依据其需求来生产制造商品，此时需求和供给相互符合，市场均衡才能决定商品的价格和数量。

供求机制是市场机制的主体，供求与生产、交换、分配、消费等各个环节都有关系，是生产者与消费者关系的反映和表现。供求运动是市场矛盾运动的核心，价格、竞争、货币流动等其他因素的变化，都是围绕供求运动进行的。供求机制对社会经济的运行和发展有重要影响，它可以调节商品的价格，调节商品的生产与消费的方向和规模，其结构的变化也能够调节生产结构与消费结构的变化。

具体来说，供求机制的作用体现在以下几个方面：

第一，调节总量平衡。当商品供不应求时，价格会上涨，可以吸收更多的资金；当供过于求时，部分商品的价值无法实现，会导致滞销，企业压缩或停止生产。

第二，调节时间平衡。供求机制可以促使一些劳动者从事跨季节、跨时令的生产经营活动，在一定程度上满足市场需求，缓解供求矛盾。

第三，调节结构平衡。供求机制通过市场让生产资料和劳动力在不同部门之间合理转移，导致经济结构的平衡运动。

第四，调节地区平衡。供求机制可以促使统一大市场的各个地区调剂余缺、互通有无，实现总量平衡与结构平衡。

市场均衡是供给与需求相一致的结果，它对我们的实际生活有重要的意义和价值：只要有市场存在，供不应求就会涨价，供过于求就会降价，我们永远都有选择，可以用合理的价钱买到需要的东西。

为什么粗粮的价格变得比细粮贵

在经济困难时期，人们多吃粗粮，若是能吃上一个白馒头、一碗白米饭，会让人激动得落泪。然而，从十几年前开始，细心的人可能发现一个现象：粗粮的价格慢慢超过了细粮。就拿玉米来说，2007 年陕西宝鸡地区玉米的工业收购价格是 1.66 元 / 千克，同时期小麦的市场价格仅为 1.44 元 / 千克。为什么过去让人"吃腻"的粗粮，而今变得越来越值钱了呢？

这就涉及了经济学中的"均衡价格"的问题。所谓均衡价格，是商品的供给价格与需求价格相等时的价格。如果市场价格高于均衡价格，市场上就会出现超额供给，超额供给就会使得市场价格趋于下降；反之，如果市场价格低于均衡价格，市场上就会出现超额需求，超额需求使得市场价格趋于上升直至均衡价格。

当粗粮玉米的价格变得比小麦还要贵时，这就说明它们之间的供求关系发生了变化。市场规律是由供求关系决定的：供过于求，价格下降；供不应求，价格上涨。可能有人会问：难道供求关系会一直这样往复循环吗？没有一个平衡点吗？

按照事物发展的客观规律，这种平衡是存在的，即均衡价格。均衡价格的形成，就是价格决定的过程，是通过市场供求的自发调节形成的。市场的供给围绕均衡价格上下震荡调节，让市场的无规律性自动调节呈现规律性，这也是为什么亚当·斯密说"看不见的手"在强迫着价格均衡。

西方经济学认为，价格机制在市场经济中对资源配置发挥着重要的作用。

市场通过价格调节来协调整个经济中各个经济主体的决策，让消费者的购买量与生产者的产量之间保持平衡。在市场经济中，有关资源配置的问题都由市场价格机制决定，如：要生产什么？怎样生产？为谁生产？

由市场的供求均衡形成的均衡价格，可以有效地引导社会资源进行有效配置，实现最优状态。在这种状态下，生产者利润最大化的产品产量综合，刚好与消费者效用最大化的产品消费量组合达成一致，继而使社会福利最大化。

白菜丰产不丰收，只是运气不好吗

老张是一位农民，家里种了大量的白菜。某年冬天，老张的白菜丰收了，可白菜的收购价格却低得离谱，只有 1 分钱一斤。老张欲哭无泪，地里随处可见烂掉的大白菜，很多农民开始用白菜喂养牛羊。那一年，可谓是创下了白菜的最低纪录，很多农民都不想再种白菜。

到了第二年，由于白菜的产量减少，其价格突飞猛涨。见此情景，老张又开始大量地种植白菜。结果呢？白菜的价格又开始走下坡路了！老张说自己运气不好，赶上白菜收成好的时候，总是赚不到钱！

这个困扰老张的问题，到了经济学家这里，用四个字就能够解释：蛛网理论。

蛛网理论是一种动态均衡分析，它运用弹性理论来考察价格波动对下个周期产量的影响，以及由此产生的均衡变动。就老张种白菜这件事来说，前一年白菜丰收，供给太多，价格暴跌，农民不赚钱；第二年由于该产品产量下降，又开始涨价，吸引农民再次大批量种植。以此类推，该产品永远都在这种涨价与降价的循环中摆动，就像一个蛛网。

实际上，这种现象是由于农业生产的周期性所致。由于农产品储存时间比较短，农民在进行市场交易时不占优势，许多消费者认为农民不赶紧卖的话，农产品就会坏掉，抓住了农民急于交易的心理，继而不断地压低价格。如果是在供给量相对过剩的情况下，农民实现交易的需求会更加迫切，价格也就被压得更低。

这里涉及经济学中"过剩"的概念，过剩有"绝对过剩"和"相对过剩"两种情况。绝对过剩，是指社会生产出来的东西，在每个需要它的人的需求都获得最大满足后，依然还有剩余；相对过剩，是指在一定时间和空间范围内，相对于人们的购买能力而言出现的过剩，也就是社会的供给超出了具有购买能力者的需求。通常来说，绝对过剩的情况很难企及，经常出现的是相对过剩。

那么，对于老张这样的农民来说，有什么办法能摆脱这种被动的不利局面吗？

我们可以从西方农民走出"蛛网"的方法中，获得一些有用的启发和借鉴：美国种植柑橘的农民曾经遭遇过和老张一样的经历，为了摆脱这一困境，有人组建了一个农民与市场之间的中介组织，叫作新奇士协会。这个协会不同于过去的农业生产合作社，它是农民自己组建的销售组织，果农把柑橘卖给协会，再由协会去面对市场。

新奇士协会控制了供给，在市场上也有发言权。当供大于求时，协会可以控制供给和价格，以此减少农民的损失。同时，它也为农民提供了有用的信息和技术，且帮助农民做了一些他们无法做到的事情，如帮助柑橘注册商标，组织产品出口，对产品进行加工、储藏、宣传等，不再让农民单独面对市场。

总而言之，想让农民走出蛛网理论的局限，不能单纯依靠农民自己的力量，因为他们不具备做出较为正确的市场预测的能力，也无法在某种程度上控制市场、承担市场风险。在市场经济这片汪洋大海中，农民就像一叶扁舟，总需要有额外的力量辅助。我国的市场化程度与社会经济制度不同于欧美国家，所以组织的中介机构所采用的形式和发挥的作用也不会完全一样，但这不失为一个有效的解决办法，还是有借鉴意义的。

商品越来越贵，买的人却越来越多

1845 年，爱尔兰正值大饥荒时期，英国经济学家吉芬观察到了一个奇怪的现象：马铃薯的价格上涨了，但人们对它的需求量也在不断上涨。

根据需求法则，消费者对商品或劳务的购买数量，通常会随着价格的升高而降低。然而，吉芬商品所呈现出来的特性，俨然与一般商品的正常情况相悖。这种与商品需求规律相悖的现象，当时被称为"吉芬难题"，而这样的商品也被称为"吉芬商品"。

到底在什么样的情况下，会出现吉芬商品呢？剖析吉芬之谜不难发现，吉芬商品的出现需要两个前提条件：其一，购买者收入低下；其二，此商品是必需品。

我们知道，肉和马铃薯在爱尔兰都是生活必需品，可肉的价格远远高于马铃薯。当马铃薯的价格上涨时，就意味着消费者的实质性收入降低了。为了解决温饱问题，哪怕肉的价格下降了，可消费者还是会压缩肉的购买量，而选择购买更多的马铃薯，来维持正常的生活所需。

经济学家认为，吉芬现象是市场经济中的一种反常现象，也是需求规律中的一个例外。不过，这种客观存在的现象，也是无法回避的，它总是会在特定的环境条件下，以不同的形式出现。尤其是在灾难时期，必需品的价格越高，人们越会去疯抢，这是因为心理上的恐慌所致，他们担心此商品的价格日后会变得更高。

生活中还有许多的吉芬现象，最明显的就是股市和房市。

当某一种股票上涨的时候，往往会看到股民们争相购买的局面，大家都渴望赶上"牛市"多赚点钱；当一种股票的价格持续下跌时，购买它的人会明显减少，而手里拥有它的人也希望赶紧抛出。房子的情况也是这样，当房价一路疯涨的时候，买房子的人变得越来越多，甚至一些没有钱的人也开始想办法筹钱，希冀着早日成为有房一族。

尽管需求定律告诉我们"价格与需求量呈反向变动关系"，但我们不能因此否定，"价格与需求量呈同向变动关系"这一现象也是存在的。需求定律附加了"其他前提条件不变"的前提，这是抽象掉现实中诸多因素的形而上的东西；然而吉芬商品是现实的，是没有抽象掉其他因素的形而下的东西。如果看不到需求定律的前提条件已经悄然发生改变，就很难真正理解吉芬现象，它不是定理，却是客观存在的。

世界粮食价格波动对我们影响大吗

当汽车涨价的时候，很多消费者会选择观望，暂时不买；可当食盐、酱油、醋等商品涨价的时候，人们还是会去购买，价格的上升并未影响到消费者的需求。很多人会说："没有汽车，可以坐公交地铁，可饭还是要做的呀！每顿饭都少不了油盐酱醋！"

没错！油盐酱醋是生活必需品，而汽车不属于必需品；我们可以没有汽车，却离不开油盐酱醋。这就是经济学上所说的需求弹性，即：商品价格变动对需求量的影响程度，当价格变化对需求量影响较大的时候，叫作价格需求弹性高；当价格变化对需求量影响较小的时候，叫作价格需求弹性低。通常来说，需求弹性高的商品，价格稍微上涨，需求量就会下降；需求弹性低的商品，无论价格怎么变动，需求量都不会出现明显的下降。

其实，这也很容易理解。需求弹性越低的商品，可替代性越差，就像炒菜了没有酱油和盐，我们很难用其他的物品去替代；而需求弹性越高的商品，可替代性也越强，比如猪肉近期涨价了，我们可以去买鸡肉和鱼肉。

决定某种物品需求弹性大小的因素有很多，如：消费者对某种商品的需求程度，商品的可替代程度，商品本身用途较为广泛（水、电），商品在家庭支出中所占的比例（电视、汽车的需求弹性大，筷子、牙签的需求弹性小），消费者收入的变化，等等。

正因为存在需求弹性，所以人们的消费会受到制约。对于生活必需品，无论价格高低都要购买。所以，我们国家的生活必需品的价格都是受政府控制的，如烟草、粮食、食盐等民生必需品，其目的就是防止市场被操控而出现大规模涨价，继而影响百姓的正常生活。而且，无论世界的粮食价格如何波动，对我们的影响并不太大，因为国家会给予粮食价格补贴。

对普通消费者而言，认清楚哪些是需求弹性高的商品，哪些是需求弹性低的商品，是一件很有必要的事，更是一种良好的思维理念。这样的话，我们就可以根据自己的实际收入，对消费结构进行调整，把自己的钱多多用在"刀刃"上。

市场经济也会有无能为力的时候

20世纪初的一天，列车在英格兰的大地上飞驰。车上坐着英国著名经济学家庇古，他一边欣赏着窗外的风景，一边对同伴说："列车在田间经过，机车在田间经过，机车喷出的火花飞到麦穗上，给农民造成了损失，但铁路公司不用向农民赔偿。"

时隔七十年后，相似的一幕重演了。那是1971年，美国经济学家乔治·斯蒂格勒与阿尔钦同游日本。他们在高速列车上看到了窗外的禾苗，想起了庇古当年的感慨。于是，他们询问列车员，铁路附近的农田有没有因为列车而遭受损害，导致减产？列车员说，情况刚好相反，飞速奔驰的列车把吃稻谷的鸟都吓跑了，农民们受益不少。可是，铁路公司不能因此向农民们收取"赶鸟费。"

上述的两个经济学故事，都是在阐述同一个现象：市场经济不是无所不能的，它也有无能为力的时候，这种情况被称为"市场失灵"。从定义上讲，市场失灵是指市场无法有效率地分配商品与劳务的情况。导致市场失灵的原因，主要有以下几种：

·垄断

在资源配置的稀缺性和规模收益递增的作用下，市场往往由一个或几个厂商垄断。在这种状况下，垄断商利用其市场控制力，制定与均衡价格相背离的价格，来获得更多的超额利润。由于垄断导致了较高的价格和较低的产量，使得消费者剩余减少而生产者剩余增加，资源的配置很难实现帕累托最优的状态。

·公共物品

公共物品是指在使用上有非竞争性和非排他性的物品。

所谓非竞争性，是指一个人使用某件物品并不妨碍其他人同时使用这件物品；所谓非排他性，是指技术上无法将不为之付费的人排除在该物品的受益范围之外。在现实经济中，公共物品是广泛存在的，因为它具有非竞争性和非排他性的特点，消费者都想无偿使用这些物品，就出现了"搭便车"的现象，即不支付成本但可以获得利益的行为。

物品的带给者，无法收回其成本，就会丧失带给产品的用心性，从而导致生产萎缩。这些特点使得边际私人成本与边际社会成本、边际私人受益与边际社会收益的偏离，继而导致市场失灵，让市场无法有效率地配置公共物品。

·外部效应

外部效应，是指个体的经济活动或行为给社会其他成员造成影响，而又不承担这些影响所带来的成本或利益。外部效应在现实经济中广泛存在，由于外部性导致资源配置缺乏效率，因而市场参与者和公共部门都会以各种方式对外部性进行治理，从而让资源配置趋向于社会要求的最优水平。

·信息不对称

在现实经济中，完全竞争市场几乎不存在，完全信息的状况也不存在，更常见的是信息不完全，以及由此导致的信息不对称的局面。掌握信息多的一方被称为信息优势方，掌握信息少的一方被称为信息劣势方。

在信息完全对称的情况下，市场机制可以实现资源的最优配置，但在信息不对称的情况下，市场机制就无法充分发挥作用。例如，消费者以高价买到劣质产品；生产者生产出市场不需要的产品。在这种情况之下导致的均衡结果，对社会而言是一种无效率的状况。

面对市场失灵的现象，我们不能以回避的态度对待，而是要对市场失灵进行客观的分析，看看哪些是市场经济尚未发展完备导致的，哪些是必须要政府介入和保障的？只有深入地认识问题，才能做到对症下药；只有不断健全市场，对于市场确实无能为力之处，坚决由政府干预和保障，才能够遏制市场失灵的出现。

CHAPTER 5

消费错觉：美好背后的操纵与欺骗

人常常不理性，但不理性行为一旦被识别，这种识别就成了新的知识，就会被其他人理性地运用。

——薛兆丰

买印刷版赠送电子版，你被诱惑了吗

麻省理工学院的斯隆管理学院曾经做过一个测试：

让 100 个学生订阅《经济学人》杂志，并提供了三种不同的选择：第一，花费 59 美元在网上订阅；第二，花费 125 美元购买印刷版杂志；第三，同样花费 125 美元购买印刷版和电子版的套餐。结果显示：订阅电子版杂志的为 16 人；订阅印刷版的人数为 0；订阅印刷版与电子版套餐的人数为 84 人。

会做出这样的选择也在情理之中，毕竟花费同样的价格，获得了纸质版和电子版的套餐。通过已知信息，多数学生在推理和分析中得出结论：电子版杂志是免费的。

那么，情况到底是不是这样呢？

实际上，这都是杂志方的策略，它最初的目标就是希望学生订购 125 美元的印刷版与电子版杂志的套餐。只不过，它担心学生会因为价格太高而拒绝，因此才设置了三种选择方案：59 美元的电子版杂志是设定的“竞争者”，目的是与 125 美元的印刷版杂志做对比；125 美元的印刷版杂志是设定的信息“诱饵”，有了这个诱惑，学生们就会意识到，“原来电子版杂志可以免费”。此时，学生们看中的是“我节省了 59 美元”，却没有想过，其实自己根本没必要多花一笔钱去购买印刷版杂志，只要花 59 美元完全就能够看到杂志的全部内容。

后来，有人对这个测试进行了改动：删除"花125美元购买印刷版杂志"的选项，只剩下"59元购买电子版"和"125美元购买电子版与纸质版套餐"两个选项。结果发现：选择花59美元购买电子版的人数达68人，只有32人选择花费125美元购买电子版和纸质版套餐。很显然，这个时候学生们的选择都相对理智。

为什么会出现这样的差别呢？

最主要的原因就在于，被删掉的第二个选项"花费125美元购买纸质版杂志"是一个诱饵，其作用是误导和刺激对方，让他们进行对比，并凸显目标和竞争者对比时的优势。

其实，每一个博弈者最初都会设定一个自己的目标选项，只不过对方可能对这个目标选项并不太感兴趣，此时设置诱饵来干扰对方就显得很有必要了。诱饵的目的不是为了给对方增加新的选项，而是为了破坏其他竞争选项的优势，引导对方在对比中更倾向于接近"目标"选项。在多数时候，人们比较容易忽视竞争选项，而把目光放在诱饵与目标选项的对比上。

诱饵效应对商家而言，是一种很实用的博弈手段。不过，在设置诱饵时，诱饵与目标选项相比要有一定的相似性，但应该比目标选项更差一些。相似性可以吸引对方去比较，比目标选项更差则是为了凸显目标选项的优势。只有这样，才能起到干扰和引导的作用。

作为普通的消费者，我们在看清了这个事实之后，在购物的时候就要警惕商家运用的诱饵策略，尽量保持理性，提醒自己真正需要的是什么，切记不要被那些看似划算实则没有必要购买的"诱饵"迷惑，花不必要的冤枉钱。

餐厅提供咖啡免费续杯，会不会赔钱

午餐时间到了，丽莎和朋友想去吃西餐。刚好，楼下有两家西餐厅，装修风格很相似，价格也差不太多，唯一不同的是，东边餐厅的招牌上标示着：咖啡免费续杯。相比之下，西边的餐厅没有这样的服务。于是，丽莎和朋友果断选择了东边的餐厅。

那么，东边那家提供咖啡免费续杯服务的餐厅，真是要给消费者更多的"福利"吗？

当然不是！每个企业都希望实现持续经营，也想实现利润最大化，但它们用不着对每一件货品都索取高于其成本的费用。如果它能够让总收入等于或超过所卖货品的总成本，比如牛排、沙拉、甜品等已经包含了足够的利润率，也就不在乎提供咖啡免费续杯的服务了。

况且，这样的做法可以为餐厅带来更多的顾客，增加餐厅的营业额。随着就餐人数的增长，为顾客提供服务的平均成本就会降低，餐厅的利润也就增加了。更重要的是，当顾客体验到咖啡免费续杯的服务后，还会进行口碑传播，吸引更多的顾客。

经过这样一番分析，大家可能就知道了，商家在做生意时都会利用消费心理，借助自身产品或服务某一方面的创新来推动消费。所谓消费心理，就是指消费者在进行消费活动时所表现出的心理活动的过程。这个过程是动态的，会根据消费者个人情况的不同，表现出不同的消费特征与心理过程。

消费者的消费特征主要包括以下几方面：消费兴趣、消费习惯、价值观、性格、气质等。消费者的心理过程是消费者心理特征的动态化表现，包括产生需要、形成动机、搜集商品信息、做好购买准备、选择商品、使用商品、对商品信用的评价与反馈。另外，消费者的消费心理会受到消费环境、购入场所等多方面因素的影响，而广告就是其中最具影响力的。

互联网时代的经济社会，广告几乎无处不在，想要完全拒绝商品广告的影响，是不太现实的。我们需要多了解一些商品知识，只把广告做参考，而不是轻易被广告诱导消费。

在现实生活中，我们要尽量保持理性消费的原则。例如根据自身的需要购物，根据自身经济情况购物，避免盲目跟风，尽量货比三家。总而言之，我们要在无限的物质需求与有限的收入之间找到一个平衡点，也就是花合适的钱买自己真正需要的东西。

看上一件东西时，别表现得太明显

街角新开了一家"杂物铺"，陈列着各种新鲜有趣的小物件。

女孩看上了一套精美的茶具，一看标价是 149 元，觉得有点贵，就问老板能不能便宜一些？老板见女孩很喜欢这套茶具，说："已经是最低价了，这是一套礼盒装的。"女孩犹豫了，说："要是 110 元钱，我还能接受。"老板笑了说："那我可就赔钱了，这套茶具 130 元，不能再低了。"女孩又跟老板进行了一番讨价还价，最后这套茶具以 110 元的价格成交。

女孩带着这套精美的茶具回家了，看着她远去的背影，店老板也很开心。毕竟，这是今天的第一单生意，且这套茶具的进价只有 50 元，他妥妥地赚了 60 元。之所以给女孩留出讨价还价的余地，大方地"让"了 39 元钱，也只是想让女孩在心理上获得一点满足和安慰。

马歇尔在《经济学原理》中，提出过一个"消费者剩余"的概念："一个人对一物所付的价格，绝不会超过，而且也很少达到他宁愿支付而不愿得不到此物的价格。"

人们都希望以一个期望的价格购买某种商品，如果在消费时实际花费的金钱少于预期，人们就会从购物中获得满足；如果商品的价格高于预期，他就会放弃购买行为，同时也会产生一种满足：虽然我没有得到这件商品，但我也没有失去金钱。两者相比，显然是前者带来的满足感更大，这就是所谓的消费者剩余。

了解了消费者剩余这一概念，我们也就不难理解，为什么商家会留给顾客讨价还价的空间，抑或者不时地做一些让价促销？原因就是，想带给顾客一点心理上的满足，让顾客觉得自己占了便宜，但实际上消费者剩余不会给顾客带来收益。

要知道，便宜和占便宜，不是一回事。多数时候，占便宜只是消费者的一种心理感觉，是其在购买产品时普遍存在的心理倾向。商家都是很精明的，他们不只是单纯地说服客户购买，还会为客户营造一种心理迎合的条件，让客户在购买的过程中获得占便宜的感觉，并感受到商品的价值感。

无论是讨价还价还是打折促销，商家都是有利可赚的。他们在定价时，都是在成本之上加一定的利润后，再出售给消费者。了解了商家会利用提高顾客的消费者剩余来促成交易，那我们就要学会"维护"自己的利益。

当你在商店看上了某件物品，并表现出强烈的购买欲望时，商家往往会故意提高价格。由于你的消费者剩余较多，可能你对这个价格比较满意，就会毫不犹豫地买单。这样一来，你的消费者剩余就转化成了商家的利润。理性的做法是，即便真的看上了某件物品，也别表现得太明显，适当地"冷淡"一点。商家以为你不想买，就不会过多地提高价格。这样，你就能给自己的口袋多"留"一点钱了。

同一件毛衫，卖给不同的人不同价

在一家服装店里，张小姐看上了一款黑色毛衫，无论做工还是面料都很不错。张小姐跟商家讨价还价一番，最后商家给她打了八折，以300元的价格成交。

张小姐满心欢喜地离开店铺后，又一个年轻女孩来到了这家店，也看上了这款毛衫，只是她相中的是米色，但标价都是相同的。同样是和商家周旋了片刻，最后商家给女孩的价格是220元，比张小姐买的价格便宜了80元！

商家为什么要这样做呢？同样的一款毛衫，为什么卖给不同的人，是不同的价格呢？

这种现象在经济学中被称为"价格歧视"，即商品或服务的提供者在向不同的接受者提供相同等级、相同质量的商品或服务时，在接受者之间实行不同的销售价格或收费标准。商家这样做的目的一目了然，就是为了追求利润最大化。

每一个商家都希望能够以尽可能高的价格出售商品，可现实的问题是，高价格的产品不一定适合所有的顾客，如果严格按照一个价出售，就会造成积压。为了让商品既能够卖出去，又能收获最大的利润，那就要按照消费者各自可以接受的水平来定价。

商家们都很清楚，消费者的需求是有弹性的，这个弹性就是指消费者对商品价格的敏感程度，弹性越高，消费者对价格越敏感。所以，对于需求弹性高的消费者，他们选择收取低价，以防客户流失；对于需求弹性低的消费者，他们选择收取高价，因为这类消费者对价格不太敏感，需求相对稳定。

不过，价格歧视不是可以随便用的，因为消费者的需求弹性存在明显差别，差别定价的商品也是难以转让的。如果消费者以低价买入商品，再以高价卖出，商家的这一定价策略就会暴露。然而，商家很难测定消费者的预期价格，也无法保证消费者之间的转卖行为，更难以对市场进行细分，这些问题的存在，都导致价格歧视的使用遭到限制。

价格歧视并不是一个贬义词，生活中还有很多地方都存在这一现象，比如：电影院设置儿童半票，公园对老人实行半票，这些都属于按照消费者身份进行的价格歧视。然而，对于这样的政策，我们会感觉很合理，且富有人情味，只不过他们没有采用价格歧视的说法而已。毕竟，"歧视"这个词听起来不太顺耳，但无论用词的习惯如何，其本质是一样的。

跟风式的消费，掏空了多少年轻人

潇潇和新同事相约一起逛街。到了商场以后，潇潇发现同事花钱特别爽快，虽然拿着和自己一样的工资，但买的化妆品都是大品牌的，衣服也都是四位数的，这让潇潇感觉有些尴尬，不好意思去看两三百块钱的打折衣服。新同事比潇潇小两岁，潇潇觉得如果今天什么都不买，或者买点便宜的东西，多少会显得有些寒酸。

就这样，潇潇一狠心，花了半个月的工资，给自己买了一件连衣裙。可是，回到家以后，潇潇就有些后悔了。那位女同事是单身，住着自家的房子，每个月只要承担一个人的生活费就行了。潇潇去年刚结了婚，每个月要还房贷，现在一下子花掉了半个月的工资，着实让潇潇觉得有些心疼，更引发了焦虑感。

不知道你有没有遇到过类似的情况：当身边的人购买了某种商品时，你也会受到影响，继而购买该商品？经济学中认为，消费者在认识和处理自己的收入、消费及其相互关系时，会不自觉地和其他消费者比较，以认定自己的所属。这个时候，其他消费者对于这个消费者的影响，被称为"示范效应"。

万事达卡国际组织曾经对来自亚太地区的 5406 位消费者进行过调查，结果显示：有 16% 的消费者在消费方面受到同龄人的影响；11% 的消费者受到媒体的影响。

由此可见，人们的消费行为不仅仅受收入水平的影响，还受到收入与自己相近的人的消费行为的影响。这些人的行为具有示范效应，在看到他们因收入水平或消费习惯的变化而购买高档消费品时，哪怕自己的收入没有变化，也可能会效仿他人扩大自己的消费开支。就像上文中提到的潇潇，看到与自己收入差不多的同事买东西时那么爽快，消费心态受到了很大的冲击，致使她开始效仿对方的行为。

为什么会出现这样的情况呢？原因在于，消费者对于某种商品的需求，取决于其他消费者对这些商品的需求，也就是消费的示范效应。消费者在认识和处理自己的收入与消费及其相互关系时，会跟其他消费者进行比较，其消费支出会受到周围其他某些消费者的影响，即他认为自己属于的那一类人。

最简单的例子就是，一个年轻的女孩可能会跟她的朋友、同事、同学穿同类型的衣服、做同款的发型、用同类的电子产品，但她绝对不会跟自己的妈妈、阿姨穿同类的衣服。因为消费者中包含着许多群体，多数消费者都会自觉或不自觉地把自己算在一定的群体内，其消费就会朝着这个群体内的其他人看齐。

示范效应的影响力是很大的，甚至可以跨越国界。当某一国家的居民接触到其他国家居民购买高档消费品时，也可能会仿效别国居民从而改变自己的消费习惯。这也意味着，消费的示范效应会造成低收入水平国家居民的消费需求，远远超出他们正常的水平，从而使得储蓄不足和国际收支严重逆差等问题。

对个人来说，在消费时也当多一分理性，不要盲目跟风。现下有不少年轻人把工资都用在买网红产品上，看见视频直播上的模特穿得很好看，销量火爆，心里就"种草"了，只有买了才不惦记。入手一件物品之前，根本不去想自己是否真的需要，这件东西对自己是否有价值。疯狂地"买买买"时觉得很满足，直到看见账单才发现，已经严重透支了。

《乌合之众》里有这样一段话："群众没有真正渴求过真理，面对那些不合口味的证据，他们会充耳不闻。凡是能向他们提供幻觉的，都可以很容易地成为他们的主人；凡是让他们幻灭的，都会成为他们的牺牲品。"但愿，我们在消费这件事上能够保持独立思考的能力，不被虚荣和攀比支配，也不轻易被广告诱惑，避免成为羊群效应中的牺牲品。

你买的是奢侈品，还是自我认同

上班族小雪，月收入 8000 元。前不久，她刷掉辛苦攒了两个月的工资，买了一个 1 万多元的包。她说，公司里的女同事眼睛都很"毒"，见面第一眼就看你穿什么样的鞋子、背什么样的包。和套装比起来，包每天都要背，背上几年也不过时，虽然自己这两个月没买衣服，天天吃简餐，可还是觉得入手这样一个奢侈品牌的包包是值得的。

所谓奢侈品，就是指价值与品质的关系比值最高的产品，实际上是一种高档消费行为，本身没有褒贬之分。国际上对奢侈品的定义是，一种超出人们生存与发展需要范围的，具有独特、稀缺、珍奇等特点的消费品，也被称为非生活必需品。

就其本质而言，奢侈品是无形价值与有形价值比值最大化的商品，而奢侈消费则是对商品无形价值的消费。换句话说，奢侈品的前提是高档知名品牌，如果只是一件高档商品，那不一定会被认为是奢侈品。

不少人热衷于奢侈品，就像年轻白领小雪，哪怕月收入只有 8000 元，省吃俭用也要去买一款奢侈品的包。为什么奢侈品牌对人们的引诱作用如此之大呢？

这是因为奢侈品具有以下几个明显的特点：从外观到品质有看得见的高级感；象征身份地位与富贵豪华；不断设置消费壁垒，维护目标顾客的优越感；创造个性化的境界。

尽管奢侈品具备上述这些特点，但从经济学的视角去看，奢侈品其实就是让人们为其功能以外的符号而付出更多金钱的商品。所以，我们无法排除奢侈消费的另一个深层次内涵，那就是炫耀性消费。凡勃伦在《有闲阶级论》中这样释义"炫耀性消费"：消费是为了跟上身边朋友和邻居的消费水平，和为了让他们的朋友和邻居嫉妒。

在物质稀缺的时代，拥有商品的多少体现着人与人之间的差距，有钱的人可以购买更多的商品，让自己的家看起来更充裕。而今，物质短缺已成为历史，人与人之间的消费区别也不再以数量来体现，而是以产品符号来体现。对此，法国思想家鲍德里亚解释说："消费的差别，不在于产品使用价值的差别，而在于产品符号的差别……人们从来不消费产品的本身（使用价值），而总是把产品当作能够突出你的符号，或用来让你加入理想的团体，或作为一个地位更高的团体，来摆脱地位更低的团体。"

在经济条件允许的情况下，为了凸显身份地位、标榜个性化而购买奢侈品，无可厚非。若只是为了彰显"面子"，进行与自身经济实力不相称的消费，导致生活质量严重下降，或是让自己负债累累，就得不偿失了。毕竟，奢侈品垫起来的只有心理高度，钱却要从自己的口袋里出，奢侈一把之后的日子，还得自己去体会。更何况，如果一个人的内在和精神都是匮乏的，且无法有效地提升自我价值，他不会因为穿戴一身奢侈品牌而变得更有人格魅力，更不会因为用了最昂贵的物品而变得备受赏识。

为了搭配新上衣，要再买条裤子吗

18 世纪，法国哲学家丹尼斯·狄德罗收到朋友送的一件质地精良、做工考究的睡袍。狄德罗特别喜欢，他立刻就丢掉了自己的旧长袍，每天穿着新睡袍在书房里走来走去。

不久之后，烦恼就找上了狄德罗。他在书房里踱步时，总觉得身边的装设是那么不协调：家具或是太破，或是风格不符，地毯的针脚也粗得吓人。为了和自己的新睡袍相配，狄德罗开始陆续对旧的物品进行更新，从椅子到书架、从雕像到闹钟，几乎所有的旧物件都被更换掉了，狄德罗终于拥有一个和新睡袍相配的书房。

这个时候，狄德罗忽然意识到，他竟然"被一件睡袍胁迫了"，换了那么多自己原本无意更换的东西。对此，狄德罗开始后悔丢弃自己的旧长袍，并将这种体验写成了一篇文章——《与旧睡袍别离之后的烦恼》。

二百多年后，哈佛大学经济学家朱叶丽·施罗尔在《过度消费的美国人》一书中，对新睡袍导致新书房的攀升消费模式进行了详尽的分析，并提出了一个新概念——"狄德罗效应"或"配套效应"。此后，狄德罗效应开始被人们广泛关注，并运用到社会生活的各个领域中。

不难看出，人们在拥有了一件新物品后，总倾向于不断配置与其相适应的物品，以达到心理上的平衡，甚至连狄德罗这样的大思想家，也难以摆脱这一配套效应。毕竟，在思想观念上，他也认为质地精良、图案高雅的睡袍是富贵的象征，应当与高档的家居、华丽的地毯相配套，不然总感觉"不舒服"。

相信很多人在生活中也有过类似的体验——

原本就想到商场买一件上衣，挑选完毕后很满意，可随后就觉得没有合适的裤子搭配它，还需要添置一条裤子；等裤子买完了，突然看旧鞋子也不顺眼了，还想再买一双鞋，甚至买腰带、围巾、背包，本来预算花两三百块钱，结果花了近千元。

买了一套新房子，想着好好装修一番，铺上木地板、装上华丽的吊灯、买了像样的家具，等住进去之后，觉得自己的日用品也得跟着提升一个档次了，就连厨房里的垃圾桶都要选高级的，一切都只是为了实现配套。

就本质上来说，狄德罗现象也没什么好坏对错之分，只能说是有利有弊。从社会经济角度看，狄德罗效应可以促进经济的发展，刺激消费；生产厂家和商家充分利用这一效应，也可以很好地推销自己的商品；但从个人角度来看，过分追求"配套"容易引发过度消费，毕竟人的欲望是无穷尽的，需警惕预料之外的开支。古今中外，不乏因狄德罗效应"栽跟头"的例子。

商纣王继位后不久，就请工匠用象牙制作筷子（现在是严格禁止的），其叔父箕子看到后担忧不已。箕子心想：既然纣王用了稀有昂贵的象牙做筷子，杯盘碗盏恐怕也得换成精美器皿。餐具一旦换成了象牙筷子和玉石盘碗，就要千方百计地享用山珍海味了。在尽情享受美味佳肴之时，肯定要穿绫罗绸缎，住奢华宫殿。

果然，一切如箕子所料。仅仅过了五年光景，纣王就变成了一位穷奢极欲、荒淫无耻的王。纣王的腐败行径，不仅苦了老百姓，而且将一个国家搞得乌七八糟，最后被周武王所灭。

可见，不懂得克制，一味地被"配套效应"牵着鼻子走，后果是很严重的。在花钱的问题上，我们要掌握好度，非必需的东西尽量不买，一旦你接受了一件，迫于外界和心理的压力就会接受更多非必需的东西。钱，一定要花刀刃上，才能事半功倍。

CHAPTER 6

经营有道：实现卓有成效的管理

　　一个公司如果有很多具有成就需要的人，那么公司就会发展很快；一个国家如果有很多这样的公司，整个国家的经济发展速度就会高于世界平均水平。

——麦克利兰

对企业来说，利润是越多越好吗

提到"利润"二字，几乎没有人不喜欢它，每个人都希望自己银行卡里的钱多一点。按照惯常的思维去推测，企业肯定也跟个人一样，没有利润就没有活路，利润自然是越多越好。那么，这种想法对不对呢？经济学家们又是怎么看待这一问题的呢？

企业的利润来自自身的生产或销售，但市场中一个企业的生产和销售始终都处于变化之中，利润也就随之改变。所以，对企业来说，真正有意义的是，判断自己在什么样的状态下经营时，可以取得利润的最大值。换句话说，衡量如何实现利润最大化时，需要有一个客观的标准。

那么，这个标准是什么呢？经济学家们给出的答案是：边际收益＝边际成本。

边际收益，是指每多卖出一单位产品所增加的收入；边际成本是每生产一单位产品所增加的工人工资、原材料、燃料等变动成本。边际成本通常会随着企业的生产发生变化。那些实现了利润最大化的企业，无论是有心还是无意，必然都遵循了这一规律。

成本费用对于企业的盈利程度有很大的影响。获得同样的收益时，付出的成本越多，盈利就会越少。在追逐利润的过程中，不少企业采取了降低成本的策略，这的确是一种方式，但前提是要正确运作，而不是偷工减料、铤而走险，不然就等于搬起石头砸自己的脚。

那么，如何做才能获得最大利润呢？有两点因素需要关注：

第一，关注稀缺性。

从经济学角度来说，稀缺性是一个很好的手段，所有经济活动的基本问题都产生于稀缺性，利润最大化就是稀缺性的直接结果。让稀缺资源得到最好的使用，与力求实现最大可能的利润，其实是同一件事。

第二，重视中间环节。

要获得利润最大化，必须重视产品从经营到销售的中间环节。以生活中的一个常见现象为例：大城市里的蔬菜价格与农村收购的价格相差很多，许多人认为是中间环节加价太多导致。其实不然，真实的情况可能是：从事中间环节的人太少，稀缺导致了高价！

蔬菜批发商赚到了更多的钱，实现了利润最大化，可那些在城市里卖菜的人，所赚的利润并不多。有些小商贩认为，中间商赚的利润太大，要限制他们的人数，可真的这样做了，却会适得其反。只有流通环节展开了充分的竞争，费用才可能下降。

对现代企业来说，不能一味地关注务虚的经营理念，而是要切实地关注如何在合法的条件下实现利润的最大化，这才是持续经营的根基。

沃尔玛的"天天平价"是怎么实现的

　　没有利润，任何企业都无法生存，这是企业赖以生存的根本。我们都知道，影响盈利程度的一个重要因素就是成本费用，在获得同等收益的情况下，付出的成本越多，盈利就越少。所以，现代企业无一不将成本控制视为管理的精髓。

　　沃尔玛是美国的一家大型连锁企业，由美国最庞大的家族之一沃尔顿家族掌控。1951 年，山姆·沃尔顿开了第一家沃尔玛超市。山姆·沃尔顿出生在一个贫困的家庭，但他为人勤奋。即便后来变得很富有，他依然坚持亲自种田，自给自足。一直以来，他都坚持着这样的理念：沃尔玛超市里的每一种商品，都要比其他超市的便宜。

　　我们都知道，在传统零售行业，要让每一件商品都保持低价是不容易的，这背后必定要有一个庞大的连锁产业。为此，沃尔顿在各个环节节省成本，用这样的方式让商品保持低价。依靠着"天天平价"的理念，沃尔玛的门店不断扩张，在全球 27 个国家共拥有 1 万多家商场、240 多万员工。

　　沃尔玛连锁复制的是"天天平价，始终如一"的理念。为了实现"天天平价"的目标，它一方面苛刻地挑选供应商，顽强地讨价还价，以尽可能低的价位从厂家采购商品；另一方面，它又实行高度节约化经营，并处处精打细算，降低成本和各项费用支出。

我们不妨看看，沃尔玛是如何在细节中践行"成本控制"的——

·公司里没有专门用来复印的纸，都是用废报告的背面。

·沃尔玛的办公室空间很小，装修简单，城市总部的办公室也是一样。

·进入销售旺季，所有经理和中层管理者，都要到销售一线负责搬运、安装、收银等工作，以节省人力成本。

·员工出差的住所，就是简单的普通招待所，满足洗澡和休息的基本需求即可。

类似这样的勤俭措施，在沃尔玛随处可见，而这种理念的第一推行者和实践者，正是沃尔玛的创始人山姆·沃尔顿。即便已是亿万富翁的身份，他也没有购置过一栋豪宅，经常开着自己的旧货车进出小镇。

利润是企业赖以生存的生命线，也是发展壮大的重要根基。沃尔玛的成功提醒着众多企业，想要增加利润，成本控制必不可少。企业在经营的过程中，几乎处处都涉及资源的消耗与费用的支出，如果同类产品在性能和质量上相差无几，那么决定产品竞争力的主要因素就是价格，而决定产品价格高低的主要因素则是成本。换句话说，企业只有降低了成本，才有可能降低产品的价格，把实惠带给客户。

在这个微利的时代，企业想要更好地发展，创造出高利，获得可持续发展，控制成本是必不可少的功课。这一理念要从管理者自身开始贯彻和执行，最后让每位员工都关注并实践节约精神，从身边的小事做起，在保证质量的基础上，节约每一分资源，控制每一项成本，力求把资源用在刀刃上，从而提高效益，增加利润。

为什么规模变大了，效益却变差了

19世纪末，英国经济学家马歇尔提出了一个理论：高效大型机器设备的广泛应用，必然会导致企业规模扩大，企业生产规模的扩大，有利于企业使用更先进的技术，实行更精细的分工、协作并进行专业化生产，也有利于企业产品零部件的标准化、通用化，生产经营的联合化和多样化。大量销售、采购以及对产品进行综合利用等各方面因素的充分发挥，就会规模效应，也称为"规模经济"。

生产任何东西都需要成本，包括固定成本和可变成本。要实现盈利，就要让销售收入大于生产成本。我们知道，固定成本是不变的，所以生产得越多，分摊到单个产品中的固定成本就越少，盈利也越大。那么，按照这一思路来设想，是不是规模越大，经济效益就越好呢？

答案是否定的！我们在前面提到过，经济学中存在边际效益递减规律，上述问题也可以用这一理论来解释。通常来说，规模经济都发生在初始阶段，可当生产扩张到一定规模以后，再继续扩大生产规模，经济效益就不会再提升了，而是会下降，这叫作规模不经济。

原因在于，企业规模扩大后，对外与市场协调的成本增高，内部运行机制的协调难度增大，管理和指挥也变得复杂，信息传递的速度减缓，管理效率下降，边际收益也会下降，甚至变成负数。简单来说，企业规模扩大了，内部结构变得复杂了，这种复杂需要耗费更多的能量和资源，抵消了规模扩大带来的好处，所以就无法提升效益了。

对企业管理者而言，认识到"规模不经济"这一问题至关重要。如此，才能避免因最初看到规模效益后，实行盲目的、无限度的扩张。相对理性的处理方式是，结合各种生产要素，即劳动、资本、自然资源等，实现最佳规模的产出。

格兰仕公司在这方面做得就比较好，可以为企业提供借鉴：在企业发展初期，格兰仕坚持微波炉的专业化生产。到20世纪末，格兰仕公司已成为世界微波炉第一大生产商。然而，格兰仕公司的生产极限是1200万台，按照当时的速度，不超过两年就会出现微波炉饱和的局面。所以说，微波炉这一产品，已经接近了规模的平衡点，当时全世界的消费能力也就是1500万台，再扩大生产的话，就会出现规模不经济的情况。在这样的局面下，格兰仕开始实行多元化发展策略，斥资20亿强势进军冰箱、空调制冷业，达到了800万台空调的年生产能力，成功地从专业化走向了多元化。

对企业而言，实现经济效益和利润最大化是根本目标，规模只是实现这一目标的手段，单纯地在规模运营上扩张未必能够提升企业的盈利能力。企业管理者要根据各种影响因素进行权衡，找到一个最适合企业的规模，这样才是最经济的选择。

越是简单的管理，越能实现高效率

美国太空总署发现，在太空失重的状态下，航天员无法用墨水笔写字。于是，他们花了大量经费，研究出了一种可以在失重状态下写字的太空笔。问题是解决了，可成本不可小觑。后来，俄罗斯人也遇到了这一问题，他们没有为此大费周折，直接选择用铅笔。

长期以来，我们接受的普通教育和大多数训练都指导我们把握每一个可变因素，找出每一个应对方案，分析问题的角度应尽可能多样化。久而久之，就形成了一种定式思维：最复杂的就是最好的。我们总是习惯性地把问题复杂化，以为事情总在朝着复杂的方向发展，但实际上，复杂往往会造成浪费，而效能则来自简单。

在讲求高效能的时代，企业管理者在制定决策时，要力争摈弃复杂烦琐的东西，用简单的方法、平常的东西解决复杂的问题。正如管理大师杰克·韦尔奇所说，越是简单化的管理，越能实现较高效率，越能体现创造与智慧。

这也符合经济学中的"奥卡姆剃刀原理"。这一原理是由 14 世纪英格兰圣方济各会修士威廉提出来的，强调切勿浪费较多东西去做用较少的东西同样可以做好的事情，要保持事情的简单性，抓住根本，解决实质。这一原理，后来在众多领域都得到了广泛的应用。

奥卡姆剃刀原理的出发点就是：大自然不做任何多余的事。如果你有两个原理，它们都能解释观测到的事实，那么你应该使用简单的那个，直到发现更多的证据。对于现象最简单的解释往往比复杂的解释更正确。如果你有两个类似的解决方案，选择最简单的、需要最少假设的解释最有可能是正确的。一句话：把烦琐累赘一刀砍掉，让事情保持简单！

一家有名的日用品公司，换了一条非常先进的包装流水线，但不久后就收到了很多客户的投诉，他们抱怨自己买的香皂盒是空的，根本没有香皂。这件事情立刻引起了公司的重视，老板亲自召开会议，要求大家集思广益解决这个问题。

有人说，加强人工检查，把每一个装完的盒子拿起来，试一下重量。但经过实验，发现这种方法效率太低，且无法保证所有的盒子都装了香皂，公司还要花费部分人工成本。后来，他们请来一个由自动化、机械、机电一体化等专业的博士组成的专业小组来帮忙解决问题。专业小组的效率很高，用了很短的时间就开发出了全自动的 X 光透射检查线，透射检查所有的装配线尽头等待装箱的香皂盒，如果有空的就用机械臂取走。

问题的确解决了，大部分的空香皂盒都被取了出来，可是公司在邀请专业小组和装备的新检查机械方面却花费了高额的成本。另一家生产日用品的小公司，在引进了这套包装流水线后，也遇到了同样的问题。老板吩咐流水线上的工人，务必想出一个解决策略来。有一个工人很快就想到了办法，他向公司申请买了一个有强大风力的电扇，把它放在装配线的尽头去吹每一个肥皂盒，如果肥皂盒是空的，就会被吹走，这种方法既简单又有效。

那么，企业在管理中如何实现剔繁从简呢？

美国贸易委员会主席唐纳德在《提高生产率》一书中，曾经提到过提高效率的"三原则"，不失为一种思考导向。他认为，为了提高效率，每做一件事情时，应该先问三个"能不能"：能不能取消它？能不能把它与别的事情合并起来做？能不能用更简便的方法来取代它？解答了这些问题后，往往就筛选出了最简单的方案。

柯达是如何从头部玩家走向没落的

　　美国铁路两条铁轨之间的距离是 4 英尺 8.5 英寸，用我们的话说，真的是"有零有整"。那么，这个宽度是谁制定的呢？说出答案，你可能会感到有些惊诧：两千多年前运输物品时，通常都是两匹马拉着车走，而两匹马的屁股宽度，刚好就是 4 英尺 8.5 英寸！

　　说这件事的目的，其实是想阐述经济学中的一个现象：路径依赖。

　　第一个明确提出"路径依赖"理论的人是美国经济学家道格拉斯·诺思，他用这一理论成功阐释了经济制度的演进规律，从而获得了 1993 年的诺贝尔经济学奖。诺思认为，路径依赖和物理学中的惯性极其相似，一旦进入某一路径，无论是好是坏，都可能对这种路径产生依赖。就企业而言，某种制度或模式一旦形成，无论是否有效，都会在一定时期内持续存在并影响其后的选择，就好像进入一种特定的"路径"。

　　当前，有不少企业都陷于"熬"的困局中，阻碍它们打破僵局的一个很重要的因素，就是习惯把优质的人才和资源配置在过去的事情上，企图通过追加投入挽救已经成为过去的事，或是让过去的事重获新生。如果市场环境不变，过去的经验就是可行的；如果环境不断变化，不能适应新环境，不能丢下过去的玩法，不能抛弃让自己沾沾自喜的制造能力，不能远离那些假大虚空的口号，不能把自己"归零"，就很难客观地、理性地看待市场变化，看待自身的问题，看清未来的趋势，最终的结果自然就是遭到无情的淘汰。

"你按快门，剩下的交给我们！"这句广告语曾经遍布世界各地，它是柯达公司创始人乔治·伊士曼在一个多世纪前提出的口号。1880年，乔治用自己的发明专利技术成立了伊士曼干版公司，成为胶片、胶卷和第一部给非专业人士使用的相机的研发者，并在1888年注册了一个自编的品牌名字"柯达"。

接下来的几年时间，柯达的产品不断优化，相机也变得愈发轻便小巧，容易使用，顺利开创了大众摄影新时代。柯达的成长过程是很顺利的，没有其他的竞争对手，核心技术也牢牢掌控在自己手里，发展势头非常迅猛。到20世纪70年代中期，柯达已经垄断了美国90%的胶卷市场，以及85%的相机市场份额。到了20世纪80年代，柯达垄断了美国的整个消费摄影市场。1991年，柯达已拥有300万像素的数字相机，当时没有其他摄影产业可以撼动它的地位。2002年之际，柯达在中国大陆拥有8000家门店，当时的麦当劳门店数量不过是它的1/15。那时的中国，但凡有大型商超的地方，肯定就有一家柯达冲印。

看起来是一片繁荣的景象，但其实危机和风险从未远离。占据着影像图像领域前位的柯达，还沉浸在前一阶段的成功中，公司高层乐于此状，没有进行技术创新或研发新的核心产品。但此时，整个产业已经在向数码转型了，而柯达的产品数字转化率只有25%左右，其竞争对手富士已经赶超了它，数字转化率达到了60%。

据统计，在2000年至2003年，柯达胶片的利润率下滑了7%。2004年，柯达停止了欧洲和美洲的传统胶卷相机销售，但它并没有利用数码上的成功及时填补这一缺口。2007年，柯达狠心炸掉了胶片大楼，可即便如此，也未能挽回江河日下的颓势。到了2012年，美国伊士曼柯达公司正式宣布破产。

其实，柯达早在 1975 年就做出了世界第一台数码相机，这说明柯达并不是没有前瞻性的。2000 年前后，胶片市场开始萎缩，柯达眼睁睁地看着市场拐点降临，却依旧在走老路。究其根本原因，与柯达的领导层有直接关系。柯达是从模拟影像走向成功的，它的高管大都是化学领域的佼佼者。如果柯达从模拟走向数码，这一变革不仅仅是业务上的转型，也包括人才与资源配置的转型，会牵动它的利益格局。面对这样的变局，柯达的领导层为了保住自己当下的利益，主观上选择了忽视，没有应变的决心和动作，最终导致了柯达的败局。

柯达不仅仅是个案，它也是在面对变化时一大波企业的缩影。我们之前讲过沉没成本，无论是个人还是企业，做选择时都有对利益和投入成本的考量。对企业来说，要适应全新的市场环境，割舍前期的投入和运营模式，抛弃给自己带来过成功的制造能力，完全置于"归零"的状态，是一件相当痛苦的事。

然而，自然界有春夏秋冬四季轮回，企业所处的行业也存在兴衰循环，这是不可避免的规律。企业想活下来，实现持续增长，需要有狼的精神——坚忍不拔、锲而不舍、互助合作、纵横团结；同时，也要有蛇的本领，根据需要一次次地蜕皮，脱去陈旧的"外套"，换上更适宜生存的"新装"。

总而言之，世界每一刻都在改变，没有一套生活与生存的法则可以一劳永逸。个体也好，企业也罢，都需要保持思考的流动性，不能自我限制，要锤炼出持续增值的能力，用开放的态度去不断调整，灵活变通地去迎接每一次前所未有的挑战。

开创一片"蓝海"，走上增长之路

企业为了寻求持久的、获利性的增长，往往会跟对手针锋相对，为竞争优势、市场份额和实现差异化而战。然而，在过度拥挤的产业市场中，硬碰硬的竞争只会让企业陷入血腥的"红海"。如果一直流连于红海的竞争中，想创造未来的获利性增长格外艰难。

2005 年，W．钱·金和勒妮·莫博涅首次提出"蓝海战略"的概念，他们认为：要赢得明天，企业不能靠与对手竞争，而是要开创"蓝海"，即蕴含庞大需求的新市场空间。

蓝海战略，要求企业从价值感知的层面去重塑战略，让差异化和成本领先兼得。针对专一化战略，蓝海战略认为，不能一味地细分市场来迎合用户的偏好，而是要合并细分市场，整合需求。现有市场的用户不是争夺目标，而是要去培养那些有潜在需求的用户。

1960 年以前，美国摩托车市场被英国 BSA 公司、美国盛励公司、美国诺顿公司等几大巨头垄断。在小型摩托车市场上，美国产库什曼摩托车占市场总份额的 85%，这种摩托车曾经是"二战"期间的战时用车。当时，美国摩托车市场的规模并不大，骑行的人主要是军人、警察、摩托车爱好者，以及社会上的一些不良青年。从市场调研和咨询建议的角度来说，美国的摩托车市场实在没有什么可投资的价值。

然而，有一家公司却偏偏认准了别人都不太看好的美国摩托车市场，它就是日本的本田公司。在消费者定位上，他们考虑的并不是那些已经拥有摩托车的人，而是那些之前从来没有想过要买摩托车的人。针对这一定位，本田开始了设计研发的工作。之后，他们就在美国推出了自己的第一款产品：一种体积小、重量轻的小型摩托车。

没想到，本田的这一战略竟像美梦一样成真了，它打开了美国的摩托车新市场，打响了自己的品牌。之后，川崎、雅马哈、哈雷等公司相继看上了这一领域，纷纷加入竞争的行列，并投入了昂贵的营销战，但最终还是没能胜过本田。因为，本田通过细分市场的策略，打开了新的蓝海，创造了很高的经济壁垒和品牌认知壁垒，后来在同质化产品大量涌现的时期，它又以优越的成本优势超越了其他竞争对手。

打开蓝海市场的开拓者，不但能够占据消费者心目中第一的位置，还很容易成为行业游戏规则的制定者。苹果公司就是采用蓝海战略的一个典型代表，它曾经是一家 PC 厂商，通过一系列的蓝海战略行动，以一个市场新入者的身份推出了 iPod、iPhone、iPad 等产品，让在红海市场中遥遥领先的索尼、诺基亚都屈居它之后，苹果不仅实现了自身的盈利，还让日渐衰落的消费电子行业重新崛起。

蓝海战略的开发时间比较长，投入也很大，且有迅速变红的不确定性。为此，有一些企业管理者认为，蓝海犹如"梦"一样的幻想，给人以憧憬和希望，但执行起来太过冒险。的确，失败的案例在现实中也是存在的，共享经济的最早实践者 Snap Goods 就是一个典型。

Snap Goods 网站成立于 2009 年，它把租赁者和物品所有者联系起来，并为交易提供完全担保。由于该网站共享的多是一些日用品，交易双方需要邮寄、归还物品，过程并不比线下租赁或购买新产品便捷，因而自从 Snap Goods 成立之初，经营状况就不太理想，最后不免沦为共享经济这片蓝海的失败者。

那么，企业是不是非得在红海战略和蓝海战略中二选其一呢？

W. 钱·金认为，这是许多人在认知上犯的基础性错误。在目前的新商业环境下，两者配合、唇齿相依也是可行的。红海可为当前的现金流做出贡献，而蓝海是未来获利性增长的来源。所以，企业不妨这样考虑：一方面用红海战略的方法和工具，在现有市场竞争中最大限度地利用已有资源，增加现金流；另一方面用蓝海战略的方法和工具，开创新的市场空间。

在实践的过程中，有些企业管理者碍于自身的经验背景和既有知识，经常以旧的概念来解读蓝海战略，比如将其与开发新技术等同，或是把蓝海战略和差异化战略等同，抑或者认为蓝海的开创者必须是市场的先入者等。实际上，真正践行蓝海战略的基石是"价值创新"，既要压低成本，也要提升买方所获得的价值。

当雷克萨斯这一品牌刚刚进入美国加利福尼亚州时，一旦汽车出现了故障，厂商就会派直升机送专业人员到现象解决问题。雷克萨斯的产品在定价方面，比其他汽车奢侈品牌要低，但所提供的服务却更胜一筹，大大提升了客户价值。用了仅仅十几年的时间，雷克萨斯在北美地区的销量就超过了奔驰和宝马。

相比之下，在全球新经济形势和商业环境下，中国企业的管理者有不可置疑的行动力，如果企业能够找寻到自身价值创新的正确道路，把胆识和战略相结合，必然能够开拓出具有可持续性的蓝海创新市场。

"企"业失去"人"就变成了"止"

不少朋友都听过"萧何月下追韩信"的历史典故。

韩信原本是项羽的部下，有勇有谋，无奈不得重用。于是，韩信决定投奔刘邦，但一开始也没有得到重用，只是当了一个小军官。一次偶然的机会，萧何认识了韩信。在接触的过程中，他发现韩信有胆有识，是不可多得的人才。

萧何多次向刘邦举荐韩信，但没有引起刘邦的重视。韩信有点儿气馁了，认为自己不可能受到重用，就连夜离开了汉营。萧何听闻后，心急如焚，来不及禀报刘邦，就跳上战马连夜去追，结果追了两天才把韩信给追回来。

刘邦听闻后，非常生气，认为萧何太小题大做了。萧何向刘邦力荐韩信，称他是争夺天下不可或缺的大将之材，应当重用。最终，刘邦采纳了萧何的建议。自此以后，刘邦文依萧何、武靠韩信，最终打败项羽，平定天下，建立了西汉政权。

透过典故不难看出，萧何十分清楚人才的重要性，而刘邦之所以能够夺得天下，也是因为有了人才的辅助。随着时代的发展，企业对人才的重视已经上升到了"人才经济学"的高度，甚至有经济管理学家调侃说："企"业没有"人"，就成了"止"。

那么，人才到底是什么呢？或者说，什么样的人才可以称之为人才？

从通俗角度诠释，人才就是指那些德才兼备，有一定文化素质，掌握一定科学技术专长的人。他们是劳动者中的一部分，却又不同于一般劳动者，因为人才具有特殊的和专业的高质量、高素养、高能量，在劳动力的总体中位居较高或最高层次。

从经济学角度诠释，人才是生产要素之一，在市场上具有商品性。人才是市场需求的产物，其价值由供求关系决定。然而，人才又不同于其他要素，其他要素可以通过经济发展和科技进步而实现供求平衡，或是供大于求。人才是先进科技的开发者，永远是供不应求的，也是一种稀缺资源，始终处于买方市场。

人才属于生产要素，并具有商品性，这就意味着人才有一定的价格。每个企业在雇佣人才时，都必须给出价格。只是，由于人才的价值很难在当下就体现出来，因而导致其本身的定价难以预计。所以，在价格的问题上，不少企业选择以技术入股、期权等方式，把报酬与效益结合起来，让买卖双方都不吃亏，从而降低市场风险。

企业雇佣人才，是一件高成本、高效益、高风险的事。特别是核心技术人才，一旦出现了"跳槽"的情况，就会给企业造成很大的成本损失。如果"跳槽"到竞争对手那里，还会给企业带来巨大的风险。所以，人才的投入产出比，与一般商品是不太一样的，它是非线性的。因此，企业不仅要懂得招揽人才，还得懂得留住人才。

人才有特殊性，要根据地区差异、企业差异制定不同的对策。然而，所有的对策都不能脱离一个中心，那就是以人为本，以价值规律对待人才的同时，还要从人文角度予以充分的尊重，并能够吸引人才。类似"工资不低却留不住人"的问题，多半都是出在了非货币薪酬上，如发展机会、成就荣誉感等，这是影响人们选择工作和职业的一个重要因素，也是企业吸引人才、留住人才的重要手段。

2018 年的第一天，董明珠在珠海出席论坛时表示："我要让格力的 8 万员工，每一个人都有两房一厅的房子。你做到退休我就给你，房价再高跟你有啥关系？"这番话不止让"格力人"心动，也让公众震撼。

格力的制度是严格，但在严格的背后，我们也看到了董明珠的管理哲学。在她看来，优秀的企业家应该承担起责任，为员工营造一种安全感，让他们感觉有所依靠。所以，在人力资源管理方面，这位"铁娘子"并没有采用狼性团队管理的制度，而是显得更有温情。

总而言之，企业在对待人才这件事情上，既要遵循市场规律，也要注重人文理念，让人才与企业相互成就，走得更远。

无论好坏，没有人会对激励无动于衷

提到汽车安全带，所有人都会想到它是救命、保障安全的象征。

在 20 世纪 50 年代，有安全带的汽车很少，直到 60 年代后期，拉夫尔·纳德的著作《任何速度下都不安全》问世，才引起了公众对汽车安全的关注。随后，美国国会通过立法要求汽车公司生产包括安全带在内的各种安全设备，使得安全带成为所有新汽车的标准设备。

美国政府原本是出于安全的考虑出台了安全带法律，然而经济学家萨姆·佩尔兹曼却在 1975 年发表的一篇文章中指出：汽车安全法有许多隐藏的影响，安全带法律实质上在减少了每次车祸死亡人数的基础上，增加了车祸的发生次数。最终的结果是，驾驶员死亡人数减少，而行人死亡人数和不安全因素却在增加。

之所以出现这样的情况，是因为安全带使驾驶员的心态发生了变化，他们在驾车时不再小心翼翼，甚至变得无所顾忌，继而增加了车祸数量，并对行人造成了更多的伤害。换句话说，安全带的出现和安全带法律的实施，让驾驶员放松了警惕心理，增加了车祸的次数和行人的不安全因素。

理性经济人在做决策时会考虑边际量，一旦成本和收益中的任何一方发生变动，或是两者均发生变动，其行为也会随之发生变动。没有人会对"激励"无动于衷，无论它是好是坏。安全带法律是政府采取的一种激励制度，减少车祸人员伤亡数量是一种激励反应，而安全带隐藏的影响也是一种激励反应。

这个事例给企业管理者带来了一些启示：你的所作所为都会引起一系列的激励反应，如果你纵容了员工的过错，不采取惩罚措施，那么下一次他还会犯同样的错误；如果你忽视了下属的功劳，不予以奖赏，那么员工就会觉得，干好干坏一个样。所以，一定要注意那些隐藏的、不明显的、意料之外的激励反应，别让自己的好心酿成苦果。

那么，怎样激励才能够更好地引发正面的效应呢？

答案可以用一句话来概括："请给我我所要的东西吧，同时，你也可以获得你所要的东西。"这是亚当·斯密的名言，他认为：利己是人的本性，凡事都会从自身利益出发采取相应的策略，且人们都有"交换倾向"，以利他人之物来换取利己之物。所以，想要获得协助，不能只依赖他人的同情心或利他主义，还要靠激起他人的利己心来实现。

这也完全符合经济学中谈到的"理性经济人"的基本假设：在市场经济中，每个人都在为追求自己的利益最大化而活动。正因为每个人都有"利己心"，在设置激励机制时，就要从实际出发，给予他人所没有的，给予他人真正需要的，且还要做到奖罚分明，这样才能有效地鼓舞士气，提高企业的经营效益。

CHAPTER 7

投资理财：通往财富的自由之路

家庭所面临的重要的经济决策之一，就是如何
为退休生活而储蓄。退休前需要存的钱多得吓人，
没人有机会过几十次人生，每次都来试验不同的退
休策略，你只有一次机会。

——蒂莫西·泰勒

看懂了美林时钟图，就不会盲目乱投资

　　人的投资行为经常会受到情绪的影响，并且很容易陷入"绝对论"的逻辑中：看到房价涨了，就觉得还会继续涨；看到股票跌了，就觉得还会继续跌。投资买卖的决定，从来都不是建立在客观分析的基础之上，盲目乱投资的结果，就是沦为"接盘侠"。

　　大自然有四季轮回，经济发展也有周期。在经济形势一片大好时，股价房价都会飙涨，炒股或买房的人都赚了钱；在经济形势不景气时，干什么都赔钱，倒是一些拿了闲钱买国债的老头老太太，给自己的退休生活添了一份金。

　　经济形势犹如一个钟摆，在好与坏之间来回波动。那么，作为投资者来说，有没有可遵循的规律和方法，帮助自己根据不同的环境来投资不同类型的资产，避免盲目地投资理财，以获得最大的回报率呢？

　　要解答这个问题，不得不提到一个投资界最为著名的资产配置理论：美林时钟。

　　2004 年，国际知名投行美林证券发表了著名的研究报告《美林投资时钟》，结合美国从 1973 年至 2004 年这三十年间的历史数据，研究了在经济的不同阶段相对应的投资策略，将经济周期与资产和行业轮动联系起来。

　　美林时钟的原理，主要是围绕两个宏观指标展开的，即 GDP 和 CPI。

GDP 表示国内生产总值，是衡量国家经济状况的重要指标；CPI 表示居民消费价格指数，是反映居民家庭所购买的消费品和服务项目价格水平变动情况的经济指标。我们可以用 GDP 代表经济增长率，以 CPI 代表通货膨胀率。

通常来说，GDP 和 CPI 具有正相关性：GDP 上高，CPI 也会上升；GDP 下降，CPI 也会下降。只不过，CPI 的变化比 GDP 的变化往往"慢半拍"。根据这两个指标的高低，可以将经济周期划分为四个阶段：衰退期、复苏期、过热期、滞胀期。

在经济周期的不同阶段，找寻表现最好的资产买入并持有，直至进入下一个阶段。当经济周期开始像时钟一样转动时，所对应的理想资产也开始随着转换，这就是美林时钟，是一种强者恒强的轮动思想。

那么，在各个经济周期，我们要如何配置自己的资产以实现最佳收益呢？

·【冬】衰退期——GDP 低，CPI 低，债券＞现金＞股票＞大宗商品

这个阶段的经济较为低迷，企业产能过剩，商品价格下跌，盈利能力下降，商品生产太多又卖不出去，就会导致通货膨胀率较低。为了提振经济，政府往往会采取较为宽松的货币政策，引导利率走低。由于市场利率下降，债券的价格就会上升。因此，在衰退阶段，债券是表现最好的投资配置。

·【春】复苏期——GDP 高，CPI 低，股票＞大宗商品＞债券＞现金

在宽松政策的刺激下，经济开始渐渐回暖，出现增长的迹象。企业的营业额提升，利润逐渐增加。由于过剩的产能还没有完全被消化，因此通货膨胀程度依然较低。随着需求的回暖，企业经营状况得到改善，股票类资产在复苏阶段会迎来黄金期，带来较好的回报。

·【夏】过热期——GDP 高，CPI 高，大宗商品＞股票＞债券／现金

当经济持续加速增长后，就进入了过热阶段，通货膨胀率上升。为了防止经济过热，政府会采取紧缩的经济政策，比如加息、提高存款准备金。这个阶段利率较高，债券表现较差；投资者们担心估值过高，股票表现也不理想。债券和股票在这一阶段都无法抵御通货膨胀，都不算好的投资选择。鉴于产能受限，商品类资产如黄金、农产品、原油、钢铁等，表现较好，投资价值较高。

·【秋】滞胀期——GDP 低，CPI 高，现金＞大宗商品＞股票／债券

经济过热后步入滞胀阶段，此时生产力下降，GDP 增长率较低，上升的工资成本和资金成本不断挤压企业的利润空间，企业只能提高产品价格以确保自身的利润收益。由于 CPI 滞后于 GDP，所以通货膨胀依然在继续。由于企业利润较低，所以股票表现不太理想；由于通胀太高，政府也不愿意放松货币政策，所以债券表现也不太好。这一阶段，货币紧缩提高了货币资产的收益水平，因此持有现金反而是最安全的。

美林时钟就是按照上面的顺序，周而复始地转动。看懂了这个时钟模型，我们就能够快速地识别经济周期所处的重要转折点，根据周期相交的规律，提前布局，做出相应的大类资产投资决策，来获得投资收益。

概括来说，经济运行从衰退、复苏、过热到滞胀四个阶段，分别对应的投资最好品种依次是债券、股票、大宗商品和现金。当然，这只是一个经济周期划分的理论，没有人知道每一个周期究竟会持续多长时间。但不管怎样，择时进行资产合理配置，都不失为一个理性的决策。

与贪婪保持距离，别做那个最大的傻瓜

经济学家凯恩斯为了能够从事学术研究，解决金钱方面的困扰，曾经靠外出讲课赚取课时费。然而，课时费的收入太有限了，不足以支撑他的事业理想。为此，凯恩斯在 1919 年 8 月借了几千英镑去做远期外汇的投机生意。

四个月过后，凯恩斯净赚了 1 万多英镑，这相当于他讲课十年的收入！不过，三个月后，凯恩斯把赚到的利润和借来的本金又都赔进去了。凯恩斯没有表现出多么沮丧，时隔七个月，他又开始涉足棉花期货交易，并再次获得成功。

接下来，凯恩斯几乎把所有的期货品种都做了，并涉足股票。1937 年，凯恩斯因病不得不"金盆洗手"，此时他所积累的财富足够他在余生尽情享用了。

凯恩斯在选择做投机生意时，相当于做了"赌徒"，但他是懂经济学的，这也注定了他不同于一般的赌徒。因为他在整个投机的过程中，不仅赚到了丰厚的利润，还发现了知名的"博傻理论"，即揭示投机行为背后的动机。

投机行为的关键是判断"有没有比自己更大的傻瓜"，只要自己不是最大的傻瓜，那么自己就一定是赢家，区别只在于赢多赢少。如果再没有一个愿意出更高价格的傻瓜做下家，那你就成了最大的傻瓜，而投机者信奉的就是"最大的傻瓜"理论。

17 世纪,荷兰的人们的赌博和投机欲望相当强烈。当时,美丽而又稀有的郁金香就成了人们争相猎取的对象。最初参与投资的人都赚到了钱,尝到了甜头后,大家宁愿把所有的钱都投资到郁金香的买卖中。人们相信,郁金香热会永远持续下去。然而,美好与灾难之间,只有一步之遥。当人们还在陶醉之际,已经严重脱离其实际价值的郁金香,在一夜之间变得像魔鬼一样恐怖。

这一天,希望郁金香出手而获得暴利的人们震惊地发现,郁金香的价格急剧下跌,市场几乎在转眼之间就迅速崩溃。那些欠着高额债务进行买卖的人,一下子变得一文不名,许多人自杀,社会动荡不安。事态的混乱让整个荷兰陷入了经济危机,从此一蹶不振。

荷兰的"郁金香事件"有没有让人们变得清醒理智,从中吸取教训呢?答案是并没有。

问题是,怎样判断会不会有一个比自己更大的傻瓜出现呢?

其实,博傻行为有两种:一种是感性博傻,一种是理性博傻。感性博傻在行动的时候,并不知道自己已经进入了一场博傻游戏,也不清楚游戏的规则和必然的结局。然而,理性博傻却是清晰地了解博傻以及相关规则,只是相信在当前状况下会有更多更傻的投资者将介入,所以才投入少量的资金赌一把。

很显然,感性博傻往往是靠冲动和本能做买卖,毫无节制和分析地进入市场,很容易成为损失最惨重的市场牺牲品。理性博傻则不同,其赢利的前提是有更多的傻瓜来接棒,这是对大众心理的判断。当投资大众普遍感觉到当前价位已经偏高,需要撤离观望时,市场的高点也就真的来了。

现实中成为最后一个傻瓜的人,往往都是贪婪的人。他们为了获得利益最大化，期待着另一个最后接棒者的出现，结果不小心让自己掉进了旋涡。对财富的贪婪，是人性的一大弱点，也是陷入危机的罪魁。所以，当贪念开始升起时，理性经济人很有必要提醒自己，悬崖勒马，适可而止。

在股票市场中，有了贪婪和恐惧，是很难赚到钱的。贪婪会导致利润回吐，恐惧会导致难以买到便宜的筹码。例如，有些人买了股票，收益达到 10% 的时候，依然攥着不卖，还想再多赚一些；等收益达到 20% 的时候，依旧不舍得卖。最后，一场震荡来袭，不但收益没了，本金也损失了。

以上所述都在充分地提醒我们，投资一定要保持理智的头脑，不要被一时的利润冲昏了头。保持平常心，对上涨不过分地贪，对下跌不过分恐惧，人弃我取、人要我予，更有可能获得丰厚的收益。

什么才是理性且有意义的"分散投资"

    几乎所有的投资者都听过一句话:"不要把所有鸡蛋都放在同一个篮子里。"

    这句话最早源于1990年诺贝尔经济学奖获得者马克维茨的一个比喻:把你的财产看作是一筐鸡蛋,然后决定把它们放在不同的地方:一个篮子、另一个篮子……万一你不小心打碎其中一篮,至少你不会失去全部。如果把鸡蛋都放在同一个篮子里,赚则大赚,亏则全亏。如果赚了自然是好的,一旦亏了,多数普通人难以承受,那意味着血本无归。

    道理听了无数遍,可回归到现实,仍然有很多人在鸡蛋和篮子的问题上栽跟头。

    程序员郑铮每天趴在电脑跟前当"码农",脑子里好像除了代码以外,对其他问题都表现得比较迟缓。努力工作了六七年,郑铮也攒下了一些钱,他看身边的同龄人都念叨着投资理财,也开始不再简单地满足于存款理财了。他效仿其他人,陆续开了户头开始购买基金和其他理财产品,偶尔听到朋友或同事议论哪种产品收益高、前景好,他也会跟着投上一些。

    多了解一些投资理财的产品没什么不好,可问题是郑铮买的理财产品太多太杂了,光是账户里的基金产品,大大小小加起来就有三十只,货币基金、股票基金、债券基金五花八门,统统都有。有朋友问过郑铮,都投资了哪些产品。结果,他完全说不清。投资理财没搞明白,倒是把自己搞晕了。

相比郑铮这样的"素人小白"，大路算得上是投资的行家了。他为了分散投资风险，追求高收益，一口气买了二十几只股票。没想到，现实和理想差距甚大，在实际操作中总是事与愿违，不但维护起来耗费心力，受持续低迷的股市行情影响，大路买的那些股票从几年前就一直处在亏损状态。为此，大路也是很受挫，心里像压着一块大石头。

更令人唏嘘的是赵女士，把家里的 30 万元存款以及父母的 20 万元养老储备金，全都拿去投资了 P2P。她常听人说，"鸡蛋不要放在同一个篮子里"，于是就把这些钱分别放在了多个不同的 P2P 平台。没想到的是，其中收益率最高的那个 P2P 平台，也是她投资最多的那个平台，竟然"跑路"了！另外的一些平台，也纷纷陷入了"无法提现"的窘境中。赵女士焦心顿挫，足足有 30 多万元钱拿不回来，全都打了水漂。

从上述几位投资者的经历中，我们不难看出，盲目拓宽投资渠道、过度追求分散投资，或是在同类投资产品上实行"分散"，并没有真正地降低投资风险，稳定投资收益。

投资渠道过于单一固然不是理想的选择，但过于分散和凌乱，也不是好事。毕竟，人的精力和能力都是有限的，在股票账户里排着几十只股票，基金列表里投上几十种基金，又没有专门为自己打理的投资团队，自然无法做到全面顾及。通常都是，顾得了这头，顾不了那头，自己乱了节奏。

巴菲特曾经说过："多元化投资犹如挪亚方舟，虽然是最牢固的船，但不会跑得更快，它把每种动物都带 2 只上船，结果最后变成了一个动物园。这样投资的风险虽然降低了，但收益率也同时降低了，不是最佳的投资策略。我一直奉行少而精的原则……"教父级投资大师菲利普·费雪也在"投资人十不原则"中指出：不要过度强调分散投资。他个人总是将

75%的股本集中投资于三四家公司，他说："我有4只核心股票，这些是我真正想要的，它们代表了我的投资组合。"

这些投资大咖们都在用经验告诫我们：分散投资可以，但不要过度分散，尤其是分散投资那些自己对其一无所知的公司。别忘了经济学中的"二八法则"，个体的精力有限，摊子铺得太大，就很难保证对其进行系统的研究分析与衔接有度的管理，从而增加投资风险。最妥当的做法是，在继承传统投资组合思想的同时，引入最优投资比例和最优组合规模的现代投资组合思想，科学计算收益和预期风险，这样才能从真正意义上分散掉投资中的各种风险，保证自己取得最大、最稳定的投资收益。

复利投资很迷人，真正滚起来难如登天

请思考一个问题：怎样才能把 10 元钱变成 100 万元？

也许有人第一时间想到的是每天存 10 元钱，依靠时间来叠加。这样当然可以，但用这种方式的话，大概需要二百七十七年才能存够 100 万元，显然是不实际的。也许还有人会想到把每天存下的 10 元钱用于投资，以过去三十年美国标准普尔 500 指数年平均回报率 12% 计算，只需要三十一年就可以成为百万富翁。

是不是很神奇？这就是"复利"的威力，现实中也的确有这样的案例存在。

1923 年，一个叫山姆的普通美国人出生了。由于山姆的出生，家里的开销明显增加，于是山姆的父母决定将原本用来买车的 800 美元拿去投资，以便应付山姆长大后的各种费用。不过，他们不具备专业的投资知识，也不知道该怎么选择股票，所以就选择了一种相对稳定的投资品种——美国中小企业发展指数基金。

山姆的父母并没有太在意这个数额不大的投资，随着时间的推移，渐渐地就把这件事给忘了。等山姆到了 76 岁的时候，他才惊讶地发现，自己的账户上竟然有 3842400 美元！山姆不知不觉就成了一位百万富翁。

随着现代人的投资理财意识的增强，多数人对于复利投资并不觉得陌生。简单来说，复利就是"利滚利"，一笔存款或者投资获得回报之后，再连本带利进行新一轮投资，不断循环。复利的计算公式很简单：本利和＝本金 ×（1＋利率）期数。假设投资一万元，每一年的收益率能达到28%，那么五十七年以后，复利所得为 129 亿元！如果是单利的话，按照28% 的收益率计算，五十七年的收益只有 16.96 万元。

不过，我们真正要说的并不是复利投资多么迷人，如果单纯这样思考的话，很容易被复利的高额回报征服，甚至不惜拿出全部身家孤注一掷。毕竟，谁都希望自己手里的钱涨得快一点，早点过上躺着都能钱生钱的日子。

巴菲特在《滚雪球：沃伦·巴菲特和他的财富人生》中谈到自己投资理念的精髓，就是充分利用"滚雪球"效应，但他也提到了两个前提条件：找到很湿的雪与很长的坡。所谓湿雪，就是在合适的环境中适时投入能够不断滚动增长的资金；所谓长坡，就是能让资金有足够的时间滚大变强的企业。所以，想要获得"滚雪球"式的利益增长，我们也要找到这两个要素。

说来容易做来难，真正懂经济学和投资的人都知道，在现实中通过复利投资实现财富快速增长甚至一夜暴富，简直难如登天。为什么这样说呢？我们不妨做一个贴近现实的分析：

假设孙小美每个月定投 500 元，共投资十年，每年稳定获取 10% 的收益。那么，十年之后，孙小美连本带利可以获得 103276.01 元。

假设孙小美每个月定投 500 元，同样连续投资十年，并且在前面的九年里每年都可以获得 15% 的收益，但最后的一年因为投资失误导致亏损30%。那么，十年之后，孙小美连本带利的收益就只有 80096.74 元。在前面的九年里，她每一年都比第一种投资方案多获取 5% 的收益，可就因为最后一年的投资失败，却导致总收益减少了 23179.27 元！

有没有看出什么端倪？在所谓的复利投资中，一定要非常谨慎，稍有不慎就可能让"雪球"碎掉，导致辛苦了数十年，一朝又回到了原点。

　　归根结底，还是那句话：合理地控制贪婪，把握好分寸与尺度。不能只看到复利的迷人之处，还要看到中间的风险和其他纷繁复杂的现实问题。作为投资者，要放弃"不劳而获""坐地生财"的幻想，树立正确的投资观念。

　　首先，对自己的财务状况有正确的评估和判断，对自己的收入进行分类处置，不把所有的家底都用来投资；其次，清楚自己投资的目的、能够承受的底线，以及投资喜好、擅长哪方面的投资；最后，多问问自己是否真的懂某一项投资，对相关知识了解多少，是否该冒这个险，是否需要充电。要知道，投资是认知的变现，一定要不吝时间和精力去学习、研究、分析，就算做不到绝对理性，但起码知识储备量够了，投资时的理性成分就能大大增加。

能让你行走在天堂，也能将你打入地狱

周五傍晚，李阿姨去菜市场买菜。她想买点排骨，给明天回来过周末的小孙子做一道糖醋小排。可是，她经常光顾的那家猪肉摊位上，排骨早就卖完了。李阿姨有点儿着急，就跟摊主商量，能不能明天早上给她留两斤小排？摊主面带笑意，却没有直接答应，只是说"不敢保证"，毕竟附近就这一家菜市场，周末买肉的人太多了。况且，如果摊主给李阿姨留了排骨，而她又没有来，那排骨到了下午就不新鲜了，也不好卖了。

经过一番商讨，最后双方决定：李阿姨先付给摊主一半的钱，明天取排骨的时候，再付剩余的部分。这样一来，李阿姨既能得到自己想要买的东西，摊主也不用担心明天因卖不掉预留的排骨会亏损收益。

这是生活中很常见的一种情形，实际上它涉及了经济学中期货的问题。李阿姨为了明天一定能够买到排骨，向摊主支付了定金。摊主收取了定金，卖了今天并没有的排骨。今天到明天的时间是"期"，排骨是"货"，两者合起来即为"期货"。

期货是从英文"future"（未来）一词演变而来的，主要指交易双方不必在买卖发生的初期就交收实货，而是共同约定在未来的某一时间交收实货。因为卖家判断他手中的商品，在某个时候的价格会达到最高，于是选择在那个时间点卖出，从而获取最大的利润。

人们购买期货，通常出于两个目的：一是套期保值，二是期货投机。

套期保值，是指交易者在现货市场买卖某种原生产品的同时，在期货市场上设立和现货市场相反的头寸，然后把现货市场价格波动的风险，通过期货市场上的交易转移给第三方的交易行为。期货投机，是投机者通过预测未来价格的变化，买空卖空期货合约，当月线的价格变动对自己有利时，就会对冲平仓，以此获取利润。依照我国当前的制度，个人投资者购买的期货不能交割实物，只是一种投机的理财手段。

用最通俗的话来解释，期货投资就是赚取买卖的差价。

假设某人在玉米每吨2000元钱时，预测到玉米价格要下跌，于是在期货市场与买家签订了一份合约，约定半年内他可以随时卖给买家10吨玉米，价格是每吨2000元。三个月后，玉米的价格跌到了每吨1500元，某人认为价格跌得差不多了，立刻以1600元的价格购买了10吨玉米，接着又按照合同约定以2000元每吨的价格卖给买家，从而赚取了4000元的差价，原先缴纳的保证金也返还了。

倘若某人的预测不准确，半年内玉米的价格没有下跌，而是涨到了每吨2500元。那么，在合约到期前，某人就要以高价购买10吨小麦，然后按照约定的价格卖给买家。这样的话，某人就亏损了，而买家就赚到了5000元。

从上述的这个例子可以看出，期货的交易方式与股票是很相似的，而期货市场也跟股票市场一样，赚的时候能让人一夜暴富，赔的时候也可以让人瞬间破产。不夸张地说，没有任何一项投资活动能像期货投资一样充满投机性和诱惑性。

想炒好期货并不容易，首先要具备一个良好的心态，无论是赚还是亏，都要及时总结经验教训，牢记操作过程中的得与失；其次要认识到期货市场是一个零和市场，只有少部分人获利，这是无法回避的现实。所以，一定要学会控制风险，赚取自己有把握的利润，主动放弃不确定和无把握的市场机会，克服贪婪、学会止损。

股神只是少数人，买股票不能照搬巴菲特

提到沃伦·巴菲特，多数人都会想到两个字：股神。

2003 年 4 月，中国股市低迷，中石油股价在 1~2 港元之间波动，巴菲特以 1.6~1.7 港元的价格先后买入 23.4 亿中石油 H 股。

2007 年，中石油要回归中国内地发行 A 股，全世界都给予了中石油高度的赞誉，中国投资者更是对此满怀期待。可就在这样的情势之下，巴菲特却在香港股市上分批抛出了手里持有的中石油的股票，均价为每股 13.47 港元，赚了 277 亿港元。

巴菲特卖出股票后，中石油的股价依然在暴涨。很多人都觉得，巴菲特卖得太早了，少赚了很多钱。可是，巴菲特却说："我买中石油公司的股票，买的是它的原材料，是从井底打出来的油。当油价超过 75 美元的时候，我就决定卖出。"结果，当中石油回归中国内地股市后，香港中石油的股价开始不断下跌。

巴菲特在投资上的成功，让许多投资者顶礼膜拜。然而，盲目地效仿并不是一件好事，巴菲特之所以长期持股，做价值投资，是因为他对上市公司有深入的研究，年轻时也有创业的经验。几十年的知识积累和人生经历，让他拥有了高瞻的目光。

投资的方法有很多，不能完全照搬巴菲特，毕竟股神只是极少数人。我们还是应该脚踏实地去学习股票投资，结合自身的能力与知识，选择适

合自己的投资方法，结合大势来操作。言归正传，我们先来说说，到底什么是股票？它和其他投资工具有什么区别？

股票，是对一个股份公司拥有的实际资本的所有权证书，是参与公司决策和索取股息的凭证，不是实际资本，只是间接地反映实际资本运作的状况，从而表现出一种虚拟资本。股票持有者凭借股票从股份公司取得股息。

与其他投资工具相比，股票具有以下几方面特点：

· 不可偿还性

股票是一种无偿还期限的有价证券。投资者在认证股票后，不能再要求退股，只能到二级市场卖给第三者。股票的转让，并不会减少公司的资本，它只意味着公司股东的改变。从期限上看，只要公司存在，其发行的股票就存在，股票的期限与公司存续的期限是等同的。

· 参与性

股东拥有出席股东大会、选举公司董事会、参与公司重大决策的权利；股票持有者的投资意志与享有的经济利益，是通过行使股东参与权来实现的。股东参与公司决策的权利大小，与其持有的股份多少密切相关。

· 收益性

股东凭借自己持有的股票，有权从公司领取股息或红利。投资收益的大小，与公司的盈利水平、盈利分配政策有关。股票的收益性，体现在股票投资者可以获得价差收入，或实现资产保值增值。通过低价买入和高价卖出，投资者可赚取价差利润。

· 流通性

股票在不同的投资者之间可以交易。通常，可流通的股数越多，成交量越大，价格对成交量越不敏感，股票的流通性就越好，反之则越差。

·价格波动性与风险性

股票价格受多方面因素的影响，如公司经营状况、银行利率、供求关系等，其波动存在较大的不确定性。正是因为这种不确性的存在，使得股票投资者可能会遭受损失。价格波动的不确定性越大，投资风险也越大，所以股票是一种高风险的金融产品。

想通过股票投资获取收益，并不是一件简单的事。投资的核心是用较低的风险获取较高的回报，想成为合格的投资者，一定要严格挑选股票，选择那些具有资源优势、垄断优势、行业优势、政策优势、品牌优势的公司。同时，还要考虑公司的赢利能力，最好选择有持续竞争优势的企业。买股票就是买未来，长寿的企业价值高。当然，还有最重要的一点，挑选股票价格合适的公司，当买进的价格远低于其应有的价值时，你就有了安全边际。

总之，想做股票投资不能怕麻烦，一定要花费时间和精力学习专业知识，了解股票的特点，精挑细选。要知道，花费半年时间挑选一只能赚钱的股票，远比花 1 小时随意选几只赔钱的股票要划算得多。

想投资增值又不太懂，不妨试试基金

假设你手里有一笔资金，想要投资增值。可是，你对专业的投资理财知识了解甚少，也没有时间和精力去学习，况且这笔资金也不太多，那该怎么做才能既省劲又能达成愿望呢？

苦思冥想后，你想到了一个办法：和其他人一起出资，雇佣一个投资专家，让他对你们的资产进行投资增值。可是，如果每个投资者都跟投资专家随时交涉，不太现实。为此，大家决定推举其中一个最懂行的牵头人来操作这件事，定期从大家合出的资产中按照一定的比例给他提成，让他代为付给专家劳务报酬。他会帮你们代办所有的事情，并且把有关风险的问题转达给专家，随时提醒他，定期向大家公布投资盈亏的情况。

思考出这一方法时，你可能并不知道，这种运作方式的专业名称叫"合伙投资"。你可能更没有想到，如果把这种模式放大一千倍、一万倍，就形成了基金。

基金，通常指证券投资基金，指通过发售基金份额，把众多投资者的资金集中起来，形成独立资产，由基金托管人托管、基金管理人管理，以投资组合的方式进行证券投资的一种利益共享、风险共担的集合投资方式。

在上述的这个假设中，合伙投资推举出的牵头人，在现实中的角色就是基金管理公司，只不过它是一个公司法人，其资格要由中国证监会审批。

投资者要按照一定的比例，每年向基金管理公司缴纳基金管理费。它会替投资者代雇负责操盘的投资专家，也就是基金经理，定期公布基金的资产和收益情况。这些活动，都要经过证监会的批准。

为了保证投资者的资产安全，以防被基金公司暗自挪用，中国证监会规定，基金的资产不能放在基金公司，基金公司和基金经理只负责交易操作，不接触资金。管理资金的事情，都交由银行来打理，它会建立一个专门的账户，称为基金托管。当然，投资者要从合伙的资产中按照一定比例支付给银行劳务费。所以，基金资产基本上没有被私自挪走的风险，就算基金管理公司倒闭了，或者托管银行出现了意外状况，向它们追债的人也无权碰基金专户的资产，所以基金资产的安全是很有保障的。

综合来看，证券投资基金与其他投资工具相比，具有以下几点优势：

第一，基金由专业人士进行投资管理和运作，他们有丰富的理论功底和实践经验，可以有效地降低投资风险。

第二，基金最低投资量的起点较低，可满足小额投资者的需求。同时，基金有较强的变现能力，投资者收回投资时非常方便。

第三，基金可以同时分散投资与股票、债券、现金等多种金融产品，这种组合投资，可有效地分散风险。

第四，由中国证监会进行监管，强制基金公司进行较为充分的信息披露，可以有效保护投资者的利益。

如果你的时间和精力有限，对专业的投资知识了解不多，且属于中小投资者，那么不妨选择基金作为投资理财的方式。只不过，基金是长期投资品种，不能像股票那样频繁买卖，持续时间长才会显现出良好的效果。最后要提醒的是，选择基金要理性，不能盲目，一定要考虑自己的风险承受能力和经济状况，看好自己辛辛苦苦赚来的钱。

身处不同的人生阶段，投资方式要合时宜

在生命周期的视角下，人生可以分为几个不同的阶段。尚未踏进社会之前的学生，尽早树立理财观念，学会合理地利用金钱，是必不可少的一门功课。从获得经济独立、开始为自己谋求事业和未来的那一天开始，就要规划自己的余生了。从青年到中年，再到老年，每一个阶段的人生际遇不同，要思考的问题也不尽相同，因而在投资理财方面，也要选择适合自己的模式。

同样是 20 万的闲置资产，这笔钱对不同年龄阶段的人来说，意义和用途完全不同。

张阿姨是工厂的退休职工，今年 64 岁。她说："就现在的生活水准和物价情况，20 万肯定不足以让我养老，数目太少了，钱太不禁花了。我也没什么特殊才能，没有单位会返聘我，没能力再给自己增加收入，就是每个月领点养老金。现在，我就盼着自己身体健康，不给儿女增加负担，自己也能活得体面一点。至于那 20 万的存款，我不想靠它赚什么大钱，因为冒不了那个险，保本是关键，收益就是锦上添花。"

赵先生今年 45 岁，在一家公司的技术部担任组长，这些年的社会阅历和职业经历，把他的心性和脾气打磨得温润了许多。他有一对正读高中的双胞胎女儿，家里的父母也 70 岁了，他和爱人的月收入在支撑家用之外，还略有剩余，可即便如此，他也不想选择太过激进的投资方式，更倾

向于稳健型的投资，避免让自己辛苦奋斗赚来的资产亏损。

李小欣是一个 27 岁的女孩，她顺利度过了职场菜鸟阶段，开始了职场进阶生涯。相比前几年，她的财务情况明显富足起来。她把这 20 万的闲散资金，分成了三个账户：第一个是应急账户，储备了 3 个月的生活费，以备不时之需；第二个是长期投资资金，拿出 10 万元，以年为单位投资了股票和指数基金；第三个是灵活资金，投资了一些短线，以小资本来博弈市场。总的来说，她有自己的想法，也有较强的承担风险的能力和资本，面对多种投资产品，她愿意把投资期限放到二三十年，以足够长的时间去抹平市场短期的波动，即便短期内亏损了，也还有时间随着市场的回暖而最终实现自己的投资目标。

概括而言，在生命周期视角下，不同的人生阶段有不同的投资规划：

· 20~25 岁：做好职业规划，积累赚钱的能力与资本

这个阶段的年轻人，或是身处校园，或是初入职场，在财务方面处于无收入或收入较低的状态，但开销并不低。这个阶段最重要的目标是完成学业、做好职业规划、提升技能、开阔眼界、积累人脉。根据自身的情况，选择适合自己的投资体系和投资方法，用力所能及的资金去验证它，同时还要多读书。花有重开日，人无再少年，投资自己这件事要尽早开始，并持续精进。

· 25~30 岁：财富积累的黄金期，充分发挥年轻的优势

这个阶段是年纪较轻，工作渐入佳境，有持续赚钱的能力，家庭和思想负担小，也有较高的风险承受度，且有足够长的时间让资本随时间增值，这是年长者花钱也买不到的优势。作为投资者来说，时间是最宝贵的，它能让微小的投资通过复利价值随着时间逐渐增长。

在投资方面，可以选择风险较大的产品，比如以股票为投资对象的股

票型基金，以追求长期资本增值为目的的成长型基金。总之，别浪费了年轻的优势，循序渐进地为自己储蓄、投资，在挥汗打拼的同时，一步步靠近有钱又有闲的理想生活。

· 30~50 岁或 55 岁：家庭事业的成长期，风险管理与投资规划并重

三十而立的阶段，是人生的美好时期，家庭和事业都开始走上坡路，经济收入增加且生活稳定，财务也相对自由。在美好徐徐展开之后，也会伴随着更多的压力和辛苦，要为养育子女操心，工作不能懈怠，还要为父母尽孝心。特别是进入中年后，子女教育、投资规划、退休后养老等问题接踵而来，所以在投资方面不能只考虑收益，还要兼顾风险管理，在稳重求富，制订并严格遵守投资计划。

没有人能够把握短期市场的涨跌，制订一份综合投资计划至关重要。这份计划，就是利用投资组合控制投资行为。如果在过去的投资中有过糟糕的投资决策，在构建投资计划时就要吸取教训，避免重蹈覆辙。

· 55 岁 ~ 退休后的老年期：身体第一，财务以安全稳健保值为主

退休后的夕阳红阶段，首先要有一个稳定安详的生活环境，适应人生的新阶段。此阶段身体健康是第一位的，投资方面要从积累财富转移到保护财富，以稳健、安全、保值为目的，以闲钱投资，不要把短期可能用到的生活支出投资股市，建议选择债券型基金或货币市场基金，这类基金收益稳定，不用冒很大的风险，安全性较高，又能为晚年生活添金。

最后还要提醒一句，处在任何一个人生阶段，都不要为了投资牺牲自己的生活。我们投资赚钱的目的，最终就是为了过上更好的生活，实现财务自由，而不是兜兜转转，忙得顾不上家人孩子，没时间跟朋友喝杯茶、聊聊天，这样降低生活质量的投资，完全是舍本逐末。投资是很重要，但不要让投资误了生活。这里有个建议，拿出至少近三年都不需要动用的

闲钱来投资，即便往最坏的结果上考虑，全部赔进去也不至于影响现在的生活。

做任何一种投资都不要抱着"赌一把"的决绝心态，理性经济人也有判断失误的时候，给自己留有余地才能从容应对。唯有多听多看、谨言慎行、胆大心细、保持清醒，才能真正体会到资本的魅力，享受到投资的乐趣。

灾难未必会即刻出现，但必须有所准备

我们经常会在朋友圈里看到"为治病筹款"的信息，希望通过爱心人士的捐赠，帮助患病者及其因病负债累累的家庭。每每看到这样的消息时，身边从事保险业务的朋友都会感慨：如果当初能给自己买一份重疾险、意外险、大病医疗险，多则几千，少则几百，总比这样期盼着他人的同情而伸出援手要好得多，只可惜生活没有如果，只有结果。

保险之所以存在，就是因为人们厌恶风险，想要规避风险。这是人们为了应对由于意外事件，如疾病、事故或其他不幸等，所引起的财务风险而购买的安全性保障。人们向保险公司支付一定的费用，换得一个承诺：如果所保险的事件发生，保险公司将按照条款进行赔偿。

保险无法帮我们消灭风险，但可以帮助我们转移风险。在没有保险的时候，风险由投保人自己承担；有了保险以后，风险就转移到了保险公司身上。保险公司相当于提供一个多人互助的平台，把投保者组织起来，每个人缴纳保费，最后形成规模很大的保险基金，当其中的任何一个人发生不如意的情况时，保险公司会给予他经济上的补偿。

从经济学角度来说，保险就是对客观存在的未来风险进行转移，把不确定的损失转化为确定的成本，即保险费用。不过，保险中的"可保风险"指的是"纯风险"，也就是只有发生损失的可能，没有获利的可能，如生病、意外等，就属于纯风险。如果是股票投资，保险公司是不可能为其上保险的。

　　有些人对保险的性质了解甚少，经常会说"买保险不如买基金和股票合适"，还有人会问"这款保险的保费，以后还能领回来吗？会有分红吗？"对此，我们要明确一个事实：买保险的意义不在直接获得多少金钱上的收益，也不能用合不合算来衡量。

　　我们购买保险的目的，在于转移未来可能会发生的风险，提升自己和家庭的"抗风险能力"，不会为了大笔的医疗费用而让生活陷入绝境，这是保险最大的收益。近年来，保险公司也陆续推出了一些既有保障功能又有投资功能的保险品种，不但能起到保障人身安全和财产的作用，而且能让保险资金增值。

　　有些保险，例如重疾和意外，我们希望一辈子都用不到，但不可以没有。一旦风雨来袭，我们无法庇护自己和亲人时，可以让保险来挡一阵。买保险最好趁年轻，不但能早点获得保障，费用也较低。随着年龄的增长，不仅保费高，还可能因为身体状况被保险公司拒保，失去购买保险的资格。所以，别忽视了保险这把保护伞，它是未来人生路上的一份可靠保障。

CHAPTER 8

博弈策略：所有问题都是一场赛局

想要在现代社会做一个有文化的人，你必须对博弈论有一个大致的了解。

——保罗·萨缪尔森

你不是在一个真空的世界里做决策

现在，邀请你来思考一个有趣的问题：

五个强盗劫持了 100 两黄金，他们欣喜若狂。可是紧接着，烦恼也出现了，这 100 两黄金该怎么分呢？几经思量，他们决定用抓阄的方式来决定分赃方案。

抓阄的规则是这样的：有 5 张纸条，分别写着 1、2、3、4、5。抓到 1 号纸条的人，先提出一个分配方案，如果有一半以上的人同意该方案，那么就按照这个人的方案执行。否则，第一个人就要被杀掉，余下的人以此类推。

请听好：如果你抓到了 1 号纸条，你会提出什么方案？

很有可能，你会想到平均分配的方案，每个人分 20 两，谁会有异议呢？再或者，干脆自己一两金子也不要，为了保命而弃权。如果是这样的话，烦请你再认真思考一下，还有没有其他的答案？因为这些都不太可行。

好，我们来揭晓一下答案：第一个人想获得一半以上者的同意，保住自己的性命，他只能说——"100 两黄金都归我"！是不是觉得有点儿出乎意料？其实，这就是经济学家在思考问题时与常人的不同。接下来，我们就看看这个答案是怎么得出来的？

谈论经济学之初我们就讲过，经济学最基本的假设是"理性经济人"，即每个人所做的一切都是为了实现个人利益最大化。这一点，相信大家已然深谙于心。然而，我们在思考现实问题时，经常会忽略"边际"，也就是最后一个变化单位。这恰恰是经济学家与我们的不同之处，就以强盗分赃的事情来说，他们会从第五个人着手进行思考：

Step 1：第五个人的想法——"轮到我提方案时，他们都已经死了，100两黄金全都归我。"

为了实现这一利益最大化的目的，无论谁提出什么样的方案，第五个人都要否决。

Step 2：第四个人的想法——"不管我提什么方案，他（第五个人）都不会同意，我都会被杀掉，除非不轮到我发表意见。"出于利益最大化的考虑，第四个人会想办法尽量不轮到自己提方案。所以，无论第一个人提出什么方案，他都选择同意。

Step 3：第三个人的想法——"轮到我提方案时，后面就剩下老四和老五了。老四肯定会同意，毕竟他不想死。这样的话，就超过了一半以上的人同意，靠谱！"知道了后面两人的选择策略后，第三个人利益最大化的方案就是100两黄金全部归自己。所以，不管第一个人提出什么方案，他都会坚决反对。

Step 4：第二个人的想法——"无论我提什么方案，老三和老五都会反对，根本不可能实现半数以上的人同意。真轮到我提方案，也就到死期了。"对第二个人来说，保住性命就是最大的收益，所以不管第一个人说什么，他都会同意。

Step 5：第一个人的想法——"我提出的方案，老二和老四肯定会支持，再加上我自己，就超过半数以上的人同意了。既然如此，我何不选择独享呢？"为了实现利益最大化，第一个人会提出独吞的方案：100两黄金全都归我！

有没有觉得很烧脑？借助这么一个绕来绕去的故事，就是想告诉大家：无论是生活中的日常沟通，还是商业中的业务洽谈，难免都会牵涉到利益纠纷。在面对这种纠纷时，每一方都渴望争取自身利益的最大化，从而选择有利于自己的一种策略。只是，这样的选择，往往带不来最好的结果，因为博弈是互动决策论，你不能无视对手玩家的存在。

当两者处于合作关系时，双方都希望自己能够获得更多的利益，这是人之常情。但我们应该知道，合作的过程需要双方作出妥协和让步，保证步调一致，才能实现利益的最大化。如果一方过于看重自己的利益，那么另一方也会采取同样的策略。最常见的例子就是，一方希望投入最小的成本获取最大的利益，可一旦他真的这样做了，对方也可能会这样做。最后，谁都不愿意投入和付出，整体的利益必然就会减少，以致两败俱伤。

当两者处于竞争关系时，在制定策略的时候，必然会以提升自己的利益、削弱对方的利益为主要目的。当一方费尽心思从对手那里获益时，对方也会产生同样的想法，甚至采用雷同的策略，结果导致每一方都在采用最消耗对方利益的策略，依然是两败俱伤。

即便不是合作与竞争关系，只是日常就某个问题进行沟通，也可能会因为身份地位、看待问题的角度不同，而在各自的选择上产生一些冲突。比如：夫妻两人吵架了，妻子选择用冷战的策略试图让丈夫向自己认错，而丈夫却因为妻子的冷战认为她不可理喻，也选择了用同样的方式回应。这样一来，妻子没有实现预期的目的，而丈夫对妻子的不满也增加了。丈夫心里想的是，如果妻子选择用温和的方式沟通，那么他是愿意主动道歉的，哪怕吵架的事件不都是自己的错，他也乐于"让着"妻子。

我们不是在一个真空的世界里活着，也不是在一个完全没有干扰的环境下做决策。当你思量如何处理某一现实问题时，不能只选择对自己有利、能够满足自己需求的策略，还要考虑自己的决策行为可能对另一方造成的影响。毕竟，每个人都不是孤立存在的，都会与身边的其他人产生或多或少的联系，这些联系通常都是相互作用的结果。若是能够认识到这一点，在沟通时就不会只考虑到个人利益和目的，因为我们设想的是一种理想状态，而对方却未必会如我们所愿，因为他们同样是追求利益最大化的理性经济人。

个人的最佳选择，可能会毁了集体利益

当个人决策与他人决策相互影响时，往往就会陷入选择困境。

1950 年，担任斯坦福大学客座教授的数学家艾伯特·塔克，在给一些心理学家讲演完全信息静态博弈问题时，利用两个犯罪嫌疑人的故事构造了一个博弈模型，即"囚徒困境"。

这个博弈设计是这样的：某地发生一起盗窃案，警察抓获两名犯罪嫌疑人：一个胖子和一个瘦子。警察心知肚明，这两个人就是案件的始作俑者，只是没有证据给两人定罪，就只好想办法让他们主动交代。警察将两名犯罪嫌疑人分别关押，告诉他们坦白从宽的政策：如果两人同时坦白，每人入狱三年；如果都不说，每人入狱一年；如果一个说了，一个没说，抵赖者入狱五年，坦白者可以直接回家，免受牢狱之苦。

你猜，两个人会做出怎样的选择？抑或者，若你是其中一人，你会怎么想？

现实的结果是：胖子和瘦子都坦白了，两人各被判刑三年。

原因很简单，对胖子来讲，如果瘦子说了，他也说了，自己将入狱三年；如果瘦子说了，自己没说，他将入狱五年。这样一想，不坦白就不太合算。如果瘦子不说，自己说了，自己会被释放，但瘦子真的不会说吗？他自己不太敢相信。于是，情况就形成了这样一个局面：

A——如果对方沉默，背叛会让我获释，所以会选择坦白。

B——如果对方背叛指控我，我也要指控他，才能得到最低的刑期，所以还得选择坦白。

胖子和瘦子面临的情况是一样的，依据两个人的理性思考，最终都会选择坦白！这是两种策略中的支配性策略，也是这场博弈唯一能够达到的平衡。在囚徒困境中，每一方都只会选择对自己最有利的策略，而并不顾及其他对手的利益和社会效益。就两名犯罪嫌疑人来说，都选择拒绝招供才是真正的最佳策略，但没有人会主动改变自己的策略以便让自己获得最大利益，因为这种改变会给自己带来不可预料的风险，即万一对方没有改变策略呢？

每个人在生活中都有可能会变成"囚徒"，也总会遇到这样那样的困境。有没有什么办法，能让囚徒的结局变得美好一点儿？或者说，找一个对博弈双方都合理而有利的策略？

还记得《红楼梦》里是如何形容四大家族的吗？就八个字，"一荣俱荣，一损俱损"。这四个家族是你中有我，我中有你，结成了一个牢固的联盟。倘若两个同时处于困境中的人，也能有这样的关系，那么两者的合力就会更大，正所谓"兄弟同心，其利断金"。

如何做到"同心"呢？最简单的办法，就是共同遵守游戏规则。

新西兰的报刊亭，既没有管理员也不上锁，买报纸的人都是自觉放下钱后拿走报纸。当然，某些人可能取走了报纸却不付钱（背叛），但大家心里都清楚，如果每个人都偷窃报纸（共同背叛），会给今后的生活带来极大的不便，所以这种情况极少发生。

这就是一个共同遵守游戏规则的典范，人们守规则的目的，就是为了避免共同背叛带来的恶果。这也是脱离囚徒困境的方法之一，要求每个人都保持理性的头脑和诚实的品行。

要成功摆脱囚徒困境，美国著名的行为分析及博弈论专家罗伯特·阿克塞尔罗德曾经罗列出这样几项必要条件：

· 条件 1：善良。这是非常重要的一个条件，就是不要在对手背叛自己之前先打击对手。

· 条件 2：报复。听起来似乎有点矛盾，但他主张的是，成功者必须不是一个盲目的乐观者。对于对方的背叛行为一定要报复，不能总是合作，也就是"可激怒的"。

· 条件 3：宽容。在反击对方的报复后要宽容对方，只要对方合作，你就合作，有助于双方重新恢复合作。

· 条件 4：不嫉妒。不去争取得到高于对手的利益。

听起来似乎有点儿过于理想化了，是吗？事实上，这也并非不可能实现。

1944 年的圣诞之夜，两个迷路的美国兵拖着一个受伤的战友来到德国西南部森林中的一间小木屋。木屋的主人是一位善良的德国女人，她从容地收留了三个又冷又饿的美国兵，没有表现出任何的慌乱与不安，也没有流露出任何敌意，只是精心地准备着圣诞晚餐。

美国兵静静地坐在炉边烤火，除了燃烧的木柴偶尔发出一两声脆响外，静得几乎可以听见雪花落地的声音。就在这时，又响起了敲门声。这一次求助的是四个境遇相同的德国士兵。女主人同样用西方人特有的方式告诉她的同胞，这里有几位特殊的客人。在女主人的授意下，德国士兵们垂下枪口进入小木屋，顺从地把枪放在墙角。

这也许是二战史上最特别的一幕情景了。一名德国士兵慢慢蹲下身，为一位年轻的美国士兵检查腿上的伤口，而后转过头向自己的上司急速地说着什么。人性中的善良与温情，带给了他们美好的感受，没有人担心对方会把自己变成邀功请赏的俘虏。

第二天，从睡梦中醒来的士兵们，在同一张地图上指点着，寻找着回各自阵营的最佳路线。然后，他们握手告别，沿着相反的方向，消失在茫茫无际的雪原中。

在战场上，美国士兵和德国士兵是死敌，可在客观条件的影响下，他们都陷入了困境中。庆幸的是，木屋的女主人很睿智，与两国的士兵一起建立了和谐的相处关系，并最终一起走出了困境。这再一次提醒我们：人与人之间关系的不友善，往往是彼此都先考虑了自己的利益。陷入困境中时，若能摒弃自私的心理，共同合作，便能实现利益最大化。

生活是复杂的，困境也是多种多样的，甚至会超出我们的想象。可万变不离其宗，既然要玩游戏，就得遵守游戏规则。为了不闹到两败俱伤的地步，深谙"一荣俱荣，一损俱损"的道理，选择相互信任、相互依赖，才是理智之举。

利己一定要建立在损人的基础上吗

什么叫零和博弈？简单来说，就是非合作博弈，即博弈中一方的收益，必然是另一方的损失，各博弈方得益之和为零。下面这个小故事，直观地向我们呈现了这一概念。

在一个月光皎洁的夜晚，饥饿的狐狸出来觅食。走到一口水井前，狐狸看到井底月亮的影子，误以为是一块美味的蛋糕。狐狸高兴坏了，连忙跳进吊桶来到了井底，此时与之相连的另一只吊桶，顺势升到了井口。

到了井底之后，狐狸大失所望，原来那块"蛋糕"是个倒影，根本不能吃。更糟糕的是，狐狸发现自己无法从井底出去了。这对于饥饿的狐狸来说，无异于雪上加霜。面对这一不利的困境，狐狸绞尽脑汁地琢磨，怎样才能把自己救出去。

两天过去了，没有动物到水井这里来，狐狸有点绝望了。终于，在第三天的夜里，当皎洁的月光又洒向大地之时，一只饥饿的狼经过水井。

狐狸欣喜若狂，连忙跟狼打招呼，还指着井底的月亮说："狼大哥，你看见这个了吗？这是森林之神制作出的蛋糕，它不仅能缓解饥饿，还能治病呢！谁要是病了，吃一口这个蛋糕，立刻就能康复。我已经吃了一半，现在还剩下一半，应该够你吃了。现在，就得麻烦你委屈一下，钻进我特意给你准备的吊桶里，没有其他的办法能下到井底。说真的，也就是你，换作其他人，我还真不舍得！"

狼轻信了狐狸编造的故事，待它下到井底后，狐狸被升到了井口。这时，狼才意识到自己中了计，根本不存在什么美味的"蛋糕"，它被狐狸骗了，陷入了困境之中。

狐狸这种损人利己的行为，就是典型的零和博弈，即以一方的损失为代价，来获取自己的利益，双方的收益和损失加起来为零。我们知道，追求个人利益最大化是理性经济人的本性，但竞争不意味着"要么你死我活，要么我死你活"的局面，交易也不意味着"要么不买卖，要么利益占尽"，生活中有许多看似是零和博弈的对局，其实都可以通过协商来解决。

自 20 世纪以来，人类经历了两次世界大战，见证了经济的高速增长与科技进步，也目睹全球一体化以及日渐严重的环境污染，而后开始认识到，"利己"不一定要建立在"损人"的基础上，与其辛苦地玩"零和游戏"，不如寻找突破口创造"双赢"的局面。

当对方无利可图时，你也会一无所有

经济学家考希克·巴苏教授曾经提出过一个"旅行者困境"，即博弈双方都是为了让自身利益最大化，而不考虑对方的收益。这样做的结果，会是什么样呢？

在某航空公司，两位旅客丢了自己的旅行包，两人互不相识，丢失的包一样，且里面都装有价值相同的花瓶。两位乘客向航空公司索赔，要求他们赔偿1000美元。

为了评估花瓶的真实价格，航空公司的负责人将两位旅客分开，让他们写下花瓶的价格，其金额不高于1000美元。同时，还告诉两位旅客：如果两个数字是一样的，会被认定为花瓶真实的价值，他们也将获得相应的赔偿；如果数字不同，则必然有人说谎，而说谎是为了得到更多赔偿，所以写下较低金额的旅客相对更加可信，航空公司会以两个价格中的较低金额赔偿两人，且会给予写下较小金额的诚实旅客200美元的奖励。

1. 双方都写1000美元，航空公司支付2000美元的赔偿。

2. 一人申报1000美元，另一人申报1000美元以下，航空公司支付最多不超过2200美元的赔偿。

3. 两人都申报1000元以下，且相同，航空公司将支付小于2000美元的赔偿。

综合几种情况来说，航空公司最多需支付2200美元的赔偿。可对于两位旅行者来说，问题就变得复杂了。他们在琢磨一个问题：谁报价低，谁就能得到 200 美元的奖励。

A 决定报价 879 美元，虽然这个价格比购买价 888 美元要低，可若加上 200 美元的奖励，就是 1079，还是有的赚。在出招之前，他又开始琢磨对方的心理：万一他知道了我的想法，那怎么办呢？越想越谨慎，申报的价格也越来越低。

此时此刻，B 的想法和 A 一样。最终，他们两人都把价格定在了 689 元，想着申报这个价格，能得到 200 块钱补助的话，刚好是 889 元，比购买时多 1 块钱。两人都以为自己想得够周全，可没料到，对方也是如此。

当航空公司负责人公开两人的申报价格时，A 和 B 都懵了。最终，航空公司只支付了 1378 美元的赔偿，远远低于最初预计的 2200 美元的赔偿，精明的 A 和 B 每人损失了 199 元。事实上，A 和 B 本可以共同申报最高限额 1000 元，这样两人就能各赚 112 元，可惜他们都想成为"得赔偿金最多的人"，相互算计着对方，结果把自己也算计进去了。

都说天才和疯子只有一步之遥，其实过度的理性和犯傻也只有一步之遥。过度的理性不符合现实，谁也不能算计出对手会在几十步之后走哪一个棋子。如果你根据自以为是的理性去算计对手下面的每一步棋会如何走，并推倒到现在自己该走哪一步棋，结局肯定是错误的。

旅行者困境告诫我们：聪明能给人带来一定的好处，但做人不要太精明，太过于算计，将自己完全凌驾于他人之上，或是完全漠视他人的利益，只顾着为自己攫取更多的利益。当你把人逼得无利可图的时候，你也会一无所有。

生活中就有这样的事。一位老人因车祸住院，想借机敲诈肇事司机，就在医院里开了很多与车祸创伤无关的营养药，花了许多额外的钱。他觉得，这些钱就该肇事司机掏。肇事司机起初并无异议，愿意承担医药费，可老人没完没了地找借口想要得到更多的赔偿。

肇事司机能力有限，被逼无奈之下只好找到交通队，彻底排查事故原因。最终，交通队判定，老人应承担70%的责任。也就是说，他花的钱越多，自己承担的越多。得知这一消息后，老人悔不该当初地说："早知道这样，我就不开这么多营养药了，医院的药多贵啊！我也不该得寸进尺，向人家乱要钱。"

这就是现实中的活例子，在为自己的私利考虑时，表现得太"精明"了。很可惜，精明不是高明，精明过头的结果就是，聪明反被聪明误。懂得这个道理，能少走很多弯路。

当心互利性原则变成不对等的博弈

提起这个世界上最难还的是什么债？想必多数人都会说：人情债！

Z 的父亲生病住院急需用钱，朋友 Y 听说后，还没等 Z 开口，立刻就给他转过去 5000 块钱。这让 Z 大为感动，毕竟锦上添花的人多，雪中送炭的太少。待父亲病好后，Z 决定辞掉在外地的工作，回到父母所在的城市工作，Y 在这个城市有一定的人际关系，得知 Z 要找工作的事，热心地帮他介绍关系，甚至还帮他整理简历。

看到 Y 如此殷切地帮自己，Z 的心里大为感动。为了表示感谢，Z 特意请 Y 吃饭，联络感情的同时，也聊表谢意。席间，当 Z 举杯向 Y 表示感谢时，Y 却说："这有什么呀？大家都是朋友，你要是这么客气，那就没把我当朋友。"随即，Y 又叹了口气，说："其实，我也不是什么太有能耐的人，赚着死工资养家糊口，可咱们认识这么多年，关系也不错，我不能袖手旁观……"此话一出，Z 顿时不知道该怎么接了，心里却感到格外沉重。

不久之后，Y 主动找到 Z，说有事相求。Z 从事的是法律工作，Y 想让 Z 给自己的亲戚做诉讼代理，却迟迟不肯提费用的事。看他的架势，好像是打算让 Z 免费帮忙。Z 感到很为难，毕竟诉讼代理一件案子也不轻松，他也要养家糊口。Y 大概看出了 Z 的心思，突然就把话题扯到 Z 父亲住院的事，还有他帮 Z 介绍关系找工作的事。一时间，Z 纠结极了，他觉得自己是没有办法回绝 Y 了，若真开口说了心里的话，简直就成了"忘恩负义""自私自利"的人。就这样，Z 妥协了。

有没有觉得，Y 可能早就有让 Z 帮忙做诉讼代理的打算，之前所做的一切全都是有目的性的？他没有给 Z 回绝的机会，却也暗示 Z 说自己做这些事情并不容易。Z 欠了 Y 两个人情，到了 Y 提出要求的那一刻，纵然不太合乎情理，Z 却还是为了那两份人情债，违背了内心的意愿，完完全全受制于 Y。

为什么 Z 会觉得难以拒绝 Y 的请求呢？在这里，"互利性原则"对当事人产生了重要的影响。人类学家奥莱尔·蒂格尔和罗宾·福克斯认为，互利性原则是人类的一种适应机制，即通过创造一种有效率的社会关系，形成商品互换的模式。

大家都觉得"人情债"不能欠，原因就是社会舆论对于获得利益却不回馈他人的行为是持谴责态度的，这样就形成了一种约束力。没有人希望在别人眼里，自己是一个黑心的牟利者，所以都不自觉地遵照这个原则来行事。Z 遇到 Y，这种"无法拒绝"的心理就被利用了，互利性原则就变成了一场不对等的博弈。

如果你也跟 Z 一样，是互利性原则的遵从者。现在，你必须要擦亮眼睛，狠下心肠，对别有用心的殷勤者说"不"！如果有人总是在你面前述说他为你做过多少事，那么下一次他再表示殷勤的时候，你不妨直言："谢谢，这件事情我自己能解决。"

也许，对方最初会表现得很受伤，可试过几次之后，他就会明白，你根本不吃这一套。然后，他就不再试图用这样的方式控制你了。有机会的话，你可以试试看！

用抬价来摆脱困境，只会越陷越深

曾经有人拿出一张面值 5 元的纸币进行竞价拍卖，规则是一旦出价者给出的价格低于其他竞拍者，他就会失去这笔钱。拍卖开始后，这张纸币的起拍价是 0.1 元，很快就有人把价格抬高到 0.2 元，接着又有人抬高到 0.3 元、0.5 元、1 元、2 元、3 元、4 元、4.7 元，甚至是 4.9 元。在这个过程中，人们积极地提价，这种积极性源于出价依然低于 5 元，无论开价多少，都意味着有利可图。

然而，当出价达到 4.9 元乃至 5 元时，显然盈利已经微乎其微。按照常规思维来说，人们应该放弃竞投，毕竟竞价的意义不大了，但实际的情况并不是这样。人们此刻开始担心：如果其他人的竞价比我高，那我之前的出价就白费了，所以必须还要往上抬。

就这样，所有的参与者都卷入了竞价式的"赌局"中，竞价的标准不再是 5 元钱，而是其他人的出价。他们都希望超过对方的报价，但是很可惜，这种竞价模式最终产生的结果是，所有人在竞价中的出价都会超过"5 元"。

回顾竞价的过程，我们不难发现，很多人一开始都觉得自己的价码会是最后价码，但随着竞价的推进，局面逐渐失控，因为其他的竞争对手也是这样想的。此时，竞价已经脱离个人的期望，参与者之所以继续抬价，一方面是为了压过别人的价格，不让自己亏损更多；另一方面是在竞价中不断遭到他人的挑战（抬价），情绪受到影响，理性认知几乎为零，剩下的全是盲目冲动与意气用事，利用不断抬高价格的方式找回面子。

当局者迷，旁观者清。想必你也看出来了，这个博弈过程完全是一个陷阱，参与者跳进去之后，很难全身而退，总试图用抬价来摆脱困境，结果却越陷越深，骑虎难下。

那么，怎样才能跳出这个陷阱呢？

第一种选择是，当别人出价比自己高一些时，抑或者看到其他参与者不断抬高价格时，及时清醒地意识到，这是一个持续循环下去的游戏，及早退出或拒绝参与。

第二种选择是，竞价的各方达成默契，当第一个人提出价格时，其他方不进行抬价。如此，这张 5 元面值的钱就会以 0.1 元的价格成交，然后参与者评分盈利。当然，这是一个理想状态，现实中举办竞价活动的人肯定会阻止此类事情的发生，参与者们难以进行沟通以达成高度默契。

对我们而言，在面对类似这样的情形时，最重要的是保持理性，拿出坚定的态度：要么别参与，要么及时止损，别让自己在贪婪和冲动的唆使下，掉进博弈的陷阱。

聪明的人绝不会做"一锤子买卖"

无论是交朋友还是做生意，没有人愿意做"一锤子买卖"，因为都对未来心存期待。如果是陌生人之间，很可能会在公交车上为了一个座位吵得面红耳赤；而在人群流动性较大的旅游景点，假货、欺诈发生的概率也很大，因为大家对未来的交往没什么预期。

这说明了一个事实，对未来的预期会影响我们的行为。这种预期包括两方面：其一是预期收益，我这样做将来有什么好处；其二是预期风险，我这样做将来有什么麻烦。从博弈的角度来说，每一次人际交往都可以简化为两种基本选择，合作还是背叛？

不过，囚徒困境也告诉了我们：明知道合作是双赢的，但理性的自私和信任的缺乏，会导致合作难以实现。更重要的是，一次性的博弈必然会加剧双方"坦白"的决心，也就是选择相互背叛。背叛是个人的理性选择，带来的却是集体的非理性。

在这样的博弈中，想要逃脱两败俱伤，不定次数的重复博弈是一个解决策略。

所谓"重复博弈"，就是指博弈的重复进行。资深博弈论专家罗伯特·奥曼指出，人与人的长期交往是避免短期冲突、走向合作的重要机制；人与人交往关系的重复，可以让自私的主体之间走向合作。诺贝尔评奖委员会也曾评价说："'重复博弈'加强了我们对合作条件的理解：为什么在参与者越多、互动越不频繁、关系越不牢固、时间越短、信息越不透明的背景下合作越难维持？这些问题都能从重复博弈中得到启发，这些启发对于我们理解贸易战、价格战、公共产品管理效率等现实问题不无裨益。"

经过长期的博弈，理性的人会认识到，"重复博弈"是最好的选择，否则对大家都没有好处。当双方相互的欺骗行为减少了时，诚信也就随之产生了。在大型商业的合作中，信任是达成协议的前提，相信对方不会欺骗自己从而实现双方的共赢是商业合作的目标。

想长期建立合作关系，把生意做好做大的人，都不希望做"一锤子买卖"。如果是偶然因素决定的一次性博弈，双方必然以个人利益最大化为考虑，达到双输的无效均衡无可厚非；但在长期的多次博弈中，只要相互信任、互相理解、互相体谅、互相宽容、互相帮助，使结果共同趋向有效均衡的概率是很大的。

如果你是一个高瞻远瞩的人，想获得长远的利益、实现长久的合作，就一定要懂得"重复博弈"，这会给你带来满意的博弈结果。那么，该怎样才能创造"重复博弈"的机会呢？

假设你是一个商人，有个陌生的供应商告诉你，他有一笔优质的货物正在找买家。你去验了货，发现品质确实不错，也决定买下来。现在有两个方案供你选择：第一，一次性付全款50万，全部买下；第二，全部预订，只是分20次进行交易，每次交易不超过2.5万。

如果单纯地从风险角度考虑，我想会选择第二种方案。如果一次性付50万，对方很有可能会觉得欺骗你一次也是值得的；如果是第二种情况，每次只能付2.5万元，对方就不太可能选择欺骗，因为它不足以弥补正常交易带来的利润。

这也再次印证了一点：一锤子买卖失败的可能性，远远大于细水长流的小笔交易。这种把一次性的决战转变成长期博弈的策略，被称之为"费边战术"。如果学会综合运用这一战术的话，可以避免很多不必要的背叛。

举个最简单的例子，你新买了一套房子，准备要装修。可你对装修一点都不了解，只能委托给装饰公司，但直接托付给对方，似乎又不太安心。毕竟，你不知道对方的底细，如果提前付款的话，对方会不会携款私逃？就算不私逃，会不会偷工减料？当然，你也不可能让装饰公司把活全都干完后，再给对方付款，因为对方也会担心你是否信守承诺，如约付款。

在这样的情况下，费边战术就是一个不错的选择。你可以要求双方每周、半月或每月按照工程进度来结算。这样的话，即便真的发生了一些问题，彼此面临的最大损失也只是一周或一个月的劳动，抑或是工程款。

至此，你应该明晰了一点：稳扎稳打、小步慢行、积小胜为大胜的战术，可以有意识地创造重复博弈的局面，减少"背叛"的发生。同时，这种方式也可以让我们"摸着石头过河"，有机会对过程和目标进行调整和修订。

占小便宜吃大亏，吃小亏占大便宜

美国环球公司出品的电影《美丽心灵》，曾荣获第24届奥斯卡4项大奖，也让更多的人有机会认识数学天才约翰·纳什。实际上，约翰·纳什早成名，他是1994年诺贝尔经济学奖得主，他的研究领域虽然侧重于数学和经济学，但他从囚徒困境发展出的"纳什均衡"理论，却让博弈学掀开了一个全新的篇章。

所谓纳什均衡，其实是一种博弈状态：对博弈参与者来说，对方选定一个策略，则我选择的某个策略一定比其他的策略好。我们可以这样理解，当博弈达到纳什均衡时，局中的每一个博弈者都不会因为为自己单独改变策略而获益。

这对于我们的生活有什么指导意义吗？当然有！纳什均衡告诉我们，当自身的利益与他人的利益发生冲突时，要想办法对其进行协调。如果现实不允许我们最大限度地满足自己的利益，不妨退而求其次，这总比双方都一无所获要强得多。因为你在这次博弈中所失去的，可能会在下一次博弈中获得补偿。

美国第九任总统威廉·哈里逊，是从美国贫民窟里走出来的伟人。年少的时候，他家境贫寒。不知道是性格原因，还是受环境影响，沉默寡言的哈里逊，曾经一度被家乡的人认为是个傻孩子。

有人为了验证哈里逊是不是真的和看起来一样傻，就把一枚5美分的硬币和一枚 1 美元的硬币放在他面前让他挑选，说挑到哪个就送他哪个。哈里逊抬头看了看周围人的眼神，又低头看了看眼前这两枚分值不同的硬币，毫不犹豫地拿起来那枚 5 美分的硬币。旁边的人看了，不禁哈哈大笑，说哈里逊真的是一个傻小孩。

哈里逊虽然看起来有些木讷，但很多人并不相信他真的傻，毕竟他不是一个没有判断能力的 3 岁孩子，更不是一个有明显智障行为的弱智儿，而是一个正在上着学的三年级学生。为了求证"哈里逊是傻小孩"论断的正确性，许多人都饶有兴致地用 5 美分和 1 美元的硬币做试验，让哈里逊当着他们的面挑选。然而，每一次哈里逊都是拿 5 美分的硬币。

一位好心的夫人见他很可怜，就把他叫到身边，问："哈里逊，老师在学校里教过你认硬币吗？你不知道 5 美分和 1 美元哪个更值钱吗？"哈里逊的回答，让那位夫人大感意外："我当然知道，尊敬的夫人。可如果我拿了那枚 1 美元的硬币，他们就再也不会把硬币摆在我面前让我选了。那样的话，我连 5 美分也得不到。"

哈里逊的"傻"，实则是真聪明。就某一次局部合作而言，也许他的策略是吃亏的，但这样的选择却给他带来了更大的好处。如此看来，吃点儿小亏也是值得的。相反，有些人只是看似"聪明"，处处算计，生怕自己吃亏。他们忘了，别人也并不比自己傻，当对方看穿了你的心思后，自然也就不会再陪你继续游戏了。到那个时候，你可能一无所得。

有一位做砂石生意的老板，没读过什么书，也没有背景，可他的买卖却做得风生水起，而且历经多年不衰。有人问过他，是不是有什么经营秘诀。他告诉对方："没什么秘诀，跟合作者分利润的时候，我都是拿最少的，把大头给对方。"

听到这样的回答，许多人都不信，认为他在敷衍。要真的把多半好处都给了人家，自己怎么赚钱呢？实际上，那位老板没有撒谎，他真是那么做的。那些跟他有过合作的人，在尝到了这个甜头后，下次还愿意跟他合作，并介绍身边的朋友过来，说他这个人实在。

老客户带来新客户，他的客源就越来越多了。虽然每次只拿一个小头，可所有小头集中起来就成了最大的大头。因而，这个习惯"吃亏"的老板，也就成了最大的赢家。

阿尔伯特·哈伯德在《双赢规则》中说过："聪明人都明白这样一个道理，帮助自己的唯一方法就是去帮助别人。帮助别人解惑，自己获得知识；帮助别人扫雪，自己的道路更宽广；帮助别人，也会得到别人友善的回报。"在一次博弈中给对方一点小便宜，多次博弈的结果就让自己得到大便宜，双方都乐此不疲，这才是真正的智慧。

龟兔赛跑，不如兔子驮着乌龟跑

关于龟兔赛跑的故事有很多版本，我们来看一则和经济学相关的：

一只乌龟和一只兔子争辩谁跑得快，吵得面红耳赤也没有定论，最后决定通过一场比赛来分出高下。比赛开始了，兔子遥遥领先，快到终点时，它想先在树下睡一觉吧，待会再接着跑。没想到，兔子睡得太沉了，乌龟竟然超过了它，首先到了终点。兔子醒来，才发现自己输了。输了比赛的兔子很失落，它知道自己是"大意失荆州"，于是它又邀请乌龟再和它进行一场比赛，而乌龟也同意了。

第二次的比赛，兔子全力以赴，一口气跑完，领先乌龟好几公里到达终点。这回，轮到乌龟检讨了，它明白用这样的比赛方式，自己永远也跑不赢兔子。思索了一会后，乌龟也效仿兔子的做法，邀请兔子再和它进行一场比赛，只是路线稍有不同，兔子也欣然同意了。

这一回合的较量，两者同时出发，且承诺要从头一直跑到尾。兔子用力地跑，眼看着就快到终点了，却被一条河挡住了。兔子呆坐在那里，不知道怎么办？这时，乌龟一路蹒跚而来，冲入河里游到对岸，继续爬行，完成了比赛。

这场比赛之后，兔子和乌龟都开始检讨，它们觉得如果再来一场比赛，可以比上一场表现得更好。于是，它们再次出发，先是兔子扛着乌龟到河边，再由乌龟驮着兔子过河。到了河对岸，兔子再次扛着乌龟，两者一起抵达终点，省时省力又都获得了成就感。

从龟兔赛跑到龟兔合作，两者都获得了更多的益处，这就是正和博弈的结果。

所谓正和博弈，也称合作博弈，指博弈双方或多方利益均沾，或是至少一方利益增加，而其他各方利益不受损害。正和博弈强调的是集体主义、团体理性，是效率、公平、公正，是研究人们达成合作时如何分配合作得到的收益，即收益分配问题；相比之下，非合作博弈是研究人们在利益相互影响的局势中如何选择决策使自己的收益最大，即策略选择问题。

美国加利福尼亚大学的学者做过这样一个实验：

把6只猴子分别关在3间空房间里，每个房间放两只，房间里分别放着一定数量的食物，但食物所放的高度不同。第一间屋子的食物就放在地上；第二间屋子的食物，从易到难分别悬挂在不同高度的位置上；第三间屋子的食物都悬挂着。几天以后，学者们打开房间，令人惊讶的场景出现了。第一间屋子里的猴子一死一伤，受伤的那只猴子缺了耳朵、断了腿，奄奄一息；第三间屋子里的猴子都死了；唯有第二间屋子里的猴子，依旧完好无损地活着。

学者们开始探究个中原因，最终得出的结论是：第一间屋子里的两只猴子，一进房间就看到了地上的食物，为了争夺食物大动干戈，结果死的死，伤的伤；第三间屋子的猴子，尽管做了努力，可因为食物放的位置太高了，它们根本够不着，所以被饿死了；第二间屋子里的两只猴子，先是各自凭借着本能通过跳跃取得食物，随着悬挂的食物越来越高，难度越来越大，它们选择了相互协作，一只猴子托着另一只猴子来取得食物。这样的话，它们每天都能吃到食物，完好地生存了下来。

一个人做事情能影响的范围十分有限，一个人能调动的资源也屈指可数。如果只顾着自己的利益，不顾及他人，甚至为了利益相互争斗，很难让自己的利益最大化，还有可能失去的更多。想要有更好的发展，走得更远，必须要学会与别人合作，取长补短、相互协助，让彼此的价值最大化。

负和博弈没有赢家，只有两败俱伤

相传，古时的北印度和南印度各有一位奇人。

北印度的奇人是一位别具匠心的木匠，擅长用木头制作各式各样、神态迥异的人物。出自木匠之手的女郎，容貌艳丽，活动自如，还可以斟茶递酒，宛若真人，唯独不能说话。

南印度的奇人是一位技艺高超的画师，他的画活灵活现，笔下的人物栩栩如生。

有一天，南印度的画师来到北印度。木匠早就听闻画家的大名，于是诚心诚意地准备了好酒好菜，邀请画师到家里做客，还让木女郎端菜斟酒。画师见女郎容貌艳丽，竟心生爱恋。木匠看出了画师的心意，却不动声色。

吃过饭之后，天色已经很晚了，木匠要回房休息。临走之际，他故意对画师说："让女郎留下来吧，您有事情可以吩咐她去做。"画师听了，十分高兴。待木匠走后，画师想叫女郎坐到桌前聊一聊天，却不料怎么叫她都不答应。起初，画师还以为女郎害羞，便上前用手拉她，结果发现，女郎竟是一个木头人。

画师感到很羞愧，自己竟然对一个假人心生爱慕。紧接着，他又涌起一股愤怒，觉得木匠是故意戏弄自己。这股难平的怒气，促使着画师采取了报复的行为：他在门口画了一幅自己自缢的图像，还在画中人的嘴上画了一只苍蝇。大作完成后，他就躺到床底睡觉去了。

第二天早上，木匠见画师久久没有走出客房，且门户紧闭，怎么叫都不应声。心焦如焚的木匠忍不住透过门窗缝隙向内望，生怕出什么意外。没想到，他竟看到画师"上吊"的一幕。这可把木匠吓坏了，他赶紧撞开门户，用刀去割绳子……这才发现，原来眼前的景象不是真的，只是一幅逼真的画。这时候，藏在床底的画师忍不住笑出声来，木匠见了更加恼火，一怒之下把画师狠狠地揍了一顿。

两位奇人带着惺惺相惜的态度相聚，结果却闹得大打出手、不欢而散。这就是典型的负和博弈，即双方冲突与斗争的结果，是得到的小于失去的，总收益加起来是负数。说得直白一点，就是两败俱伤。现实生活中，负和博弈的情况比比皆是。

父亲给一对双胞胎姐妹带回了两个玩具，都是公司内部赠送员工的产品，一个是水晶球，一个是轮船模型。姐妹俩都喜欢水晶球，于是两人就开始争抢，都想独自占有那个水晶球。起初，姐姐把水晶球拿在手里，无论妹妹怎么说，她都不肯松手。结果，妹妹一气之下直接过去抢夺，还动手捶打姐姐。姐姐被激怒了，狠狠地将水晶球摔在地上。原本漂亮的水晶球，瞬间碎了一地，谁也要不成了。

小孩子之间经常会因为玩具而争吵不休，而成年人之间则时常因为金钱而撕破脸。

小赵是某公司的业务代表，工作上兢兢业业，一直不停地拓展新客户。到了年底，小赵核算了一下自己的年度奖金，大概可以拿到 3 万多块钱。想到这个事，小赵心里就高兴，总算是不白辛苦。可是，眼见着就要放春节的小长假了，老板对奖金的事只字未提。于是，小赵主动出击，向老板询问何时发放年终奖。没想到，老板支支吾吾，一会儿说公司资金周转困难，一会儿又说提成的百分点算错了，似乎就是不想立刻兑现。

就在这时，小赵的一位客户要交付尾款，金额刚好是 3 万元。小赵心想，既然老板不愿意掏钱，那我干脆就用这笔尾款来"抵"。老板得知情况后，非常生气，怒斥了小赵。小赵不觉得自己有什么错，就跟老板嚷嚷起来。随着争吵的不断升级，两人的情绪逐渐都失控了，竟然在公司里动起手来。公司的其他员工不知道该怎么处理，害怕出人命，就报了警。

最后的结果可想而知，小赵因为私自侵吞公司的货款，按照相关法律规定被判了有期徒刑；不信守承诺的老板，失去了员工和客户的尊重与信任，公司也开始日渐衰落。为了区区 3 万块钱，一个触犯了法律，一个失去了人心，谁也没落到好处。

与人相处也好，经营生意也罢，负和博弈往往会让交锋的双方两败俱伤。那种"我不好，你也别想好"的想法和行为，只会让双方的矛盾和冲突加剧，双双付出惨重的代价。实际上，许多问题是可以通过协商来解决的，比如姐妹俩争夺水晶球玩具之事，可以把它当成公共财产一起玩，抑或者约定时间，姐姐先玩半小时，再让妹妹玩半小时，也就不至于把水晶球摔碎了；再如业务员小赵，年终奖没有拿到手，如果这一切都是自己应得的，那就应该去争取，但前提是通过合法的途径来解决。

总而言之，我们要尽量避免负和博弈的出现，觉察到有这种迹象时，一定要保持冷静的心态，尽量与人为善。很多时候，负和博弈的发生就是因为意见不统一，又互不相让，如果其中一人肯做出些许让步，起码还能符合一个人的意愿，都想着维护自己的最大利益，最后往往落得满盘皆输。

你愿意做"大猪"还是"小猪"

假设猪圈里有一头大猪和一头小猪。猪圈很长，主人在一端设置了踏板，另一端设置了饲料的出口与食槽。如果一头猪去踩踏板时，饲料出口就会落下一些食物，而另一头猪就有机会抢先吃到落下来的食物。

开始的时候，每次都是小猪去踩踏板，而后大猪在小猪跑到食槽之前，就把所有的食物吃光。后来，小猪不去踩了，毕竟费了半天劲，什么也得不到。大猪原本也不想踩，可它肚子实在太饿了，迫于无奈它就选择了去踩踏板。这个时候，小猪跑过去吃食物了，但它的食量很小，每次都会剩下不少，大猪也就有机会吃到这些残羹。自此以后，小猪就开始舒舒服服地等在食槽边，而大猪则为了残羹不知疲倦地奔忙于踏板和食槽之间。

为什么小猪坐享其成、大猪不知疲倦地奔波，会成为这个博弈的均衡策略呢？

对小猪来说，它不踩动踏板相对于踩踏板来说，是上等策略。因为它去踩踏板，什么都得不到；如果不踩踏板，就会出现两个可能：大猪踩了，它坐享其成；大猪不踩，它们一起饿死，这跟它去踩的结果一样，但又不用消耗体力。所以，小猪选择了不去踩踏板。

对大猪来说，它不踩踏板而让小猪去踩踏板，也是上等策略，可小猪不踩了，它不能等着被饿死，所以它就调整了自己的策略。毕竟，自己主动去踩踏板，多少还是会有一些收获的，尽管是残羹冷炙，可总好过挨饿。此时，大猪的最好策略就是自己动手，不再指望小猪。

这个故事就是经典的"智猪博弈"，它属于经济学中的博弈论范畴，在现代社会中的各个方面都有体现。以职场来说，团队合作是不可或缺的，当一项艰巨的任务交代下来后，总有一些责任感强、能力出众，抑或是任劳任怨的人，会像"大猪"一样攻坚克难、认真做事；同时，也总有一些能力跟不上、效率低下，抑或是主观意愿上不想付出的人，像"小猪"一样得过且过，能躲就躲。身处同一个团队，不是第一次共事，彼此对对方的行事作风都了如指掌。结果就是，"大猪们"无论愿不愿意，都会主动去承担任务；而"小猪们"则在一边逍遥自在，等待着任务完成后分一杯羹。

撇开道德因素不谈，单从利益最大化的角度去看，"小猪"的策略并没有错。只不过，在一个群体当中，如果"小猪"的策略总是对的，"大猪"就会越来越少。毕竟，那些看起来不能干的"小猪"的活儿，慢慢都会交给"大猪"来做，"大猪"的压力越来越大，收益和付出越来越不匹配。当纳什均衡被打破时，大猪不堪重负，往往就会选择离职。

要想保持平衡，就需要企业设置好的规则，想办法提高"小猪"的投机成本，有效地减少"小猪"的存在，或者将"小猪"变成"大猪"。我们知道，"智猪博弈"有两个关键因素，一是食物数量，二是踏板与食槽之间的距离。在设置激励制度时，可以从这两方面着手进行思考。相比而言，改变距离指标的策略，胜于改变食物数量的策略。

如果食物数量减少太多，形成僧多粥少的状态，大猪和小猪就不愿意踩踏板了，因为谁都吃不到食物。如果食物数量增加数倍，大猪和小猪就会争着踩踏板，因为都想获得更多，且不管谁踩踏板，出来的食物对方都吃不完。这就会引发另一个问题，大猪和小猪不用付出太多，就可以吃到食物，激励的效用也就不明显了。

如果将踏板和食槽之间的距离缩短，效果可能就不同了。一旦距离变短，踩踏板付出的代价就会变小，大猪和小猪都能够快速地跑到食槽那里，争抢有数的食物，这样的话，激励效用就产生了。所以说，企业要建立激励机制，激励周期不要拉得太长。

那么，作为"大猪"和"小猪"，都该从这一博弈中得到什么启示呢?

作为"大猪"来说，需要在一定程度上接纳"小猪"，允许他们"搭便车"。因为"大猪"的最优策略是让自己变得更值钱，你做得越多，成长得越快，自身也就更有价值。有朝一日，即使你离开了这个失衡的环境，还可以找寻到更好的机会，获得更大收益。

作为"小猪"，要懂得为自己的明天多做打算，在实力不足的情况下可以"搭便车"，但最终还是得慢慢长大。同时，也要尽量发挥自身的特长，与"大猪"建立良好的合作关系，彼此间形成有效的互补，这样才能一起前进，跟着"大猪"共同创造更好的结果。

美女与丑男的 CP，真是偶然吗

某报纸曾经刊载过这样一件令人费解的事：

某地区的农贸市场里，有一家卖米的店铺，门口挂着一个特殊的招牌：顾客每买本店一袋大米，都要"搭"一小袋沙子。呵，买东西给钱就是了，竟然还明目张胆地卖沙子，这是什么道理呢？

店主无奈地解释了个中原因：该市场上销售的大米普遍都掺有沙子，掺沙子率最高达 30%，平均也达到了 10%。这家店的店主开始也不愿意昧着良心赚钱，可周围的同行都这么干，他家的生意被排挤得举步维艰，连基本的生存都难以维持了。

在无情的市场竞争和经济压力面前，他选择了同流合污。可是，店主的内心还是很纠结，实在不愿意看到白花花的大米里掺着沙子。于是，他就想了这么一招。

有人指责店主说，他的这种行为和明抢没什么区别，店主却反驳道："真正缺德的是那些把沙子掺进大米里的人，我也是被逼无奈才出此下策。我这么做，就等于把沙子给你们拣出来了，不硌你们的牙，省了你们的事。再说，我也就搭了个市场上的平均数啊！如果不搭这沙子，我哪来的生意啊！我靠什么生活下去啊？"

这种现象叫作"劣币驱逐良币"，它描述的是一种历史现象：在铸币时代，倘若市场上有两种货币——良币和劣币，只要两者所起的流通作用相同，人们就更倾向于使用劣币，而把良币收藏起来，或者积累多了再铸造成数额更多的劣币。时间久了，良币就退出了市场，只留下分量不足的劣币在市面上流通。

简单来说，就是人们愿意使用"坏"钱，不愿意使用"好"钱，结果坏的就把好的排挤出了流通市场。想想看，你在掏钱包买东西的时候，是不是也习惯先花破旧一点的钱，留下票面比较新的钱币？

道理都是相通的，把劣币驱逐良币的模式移到感情中，就出现了这样的情景：鲜花总是插在牛粪上，巧妇常伴拙夫眠！对这样的情况，很多人都会想不通，为什么许多漂亮的姑娘会嫁给一个各方面条件都不如自己的人？而那些各方面条件很好的男人，却又娶不到和自己条件相当的女性？

其实，这主要是信息不对称导致的。在爱情博弈论中，由于不了解对方的心理及处境，继而产生了诸多的不确定因素。在这样的情况下，很多人不敢轻举妄动，而那些本来无一物的人却会选择放手一搏，结果赢得胜利。

我们可以把男生和女生分成 ABCD 四个等级来看。由于男性的控制性倾向，使得他们一般会降格选择异性伙伴，因此现实中的典型配对是：A男 +B 女，B 男 +C 女，C 男 +D 女，唯独剩下 A 女和 D 男。

毫无疑问，A 女就是我们说的"鲜花"，而 D 男就是我们说的"牛粪"。A 女心里很确定，D 男是没什么市场的；而 D 男也确定，A 女肯定是追不到的。这就导致了两个最有可能的均衡策略：在某种情况下，A 女若是选择 D 男，D 男肯定会接受；D 男去追求 A 女，肯定也不会有结果。

反正 D 男也没市场，追不追 A 女都不会有损失，所以 D 男出于无聊或其他动机，还是有可能会去追求 A 女。

A 女本身条件好，那些条件和她差不多，或是比她更优秀的男生，往往不会选择她，他们总觉得："她条件那么好，怎么可能看上我呢？怎么可能没有追求者呢？"毕竟，男性在感情中更期待被女性认同和尊崇，他们担心在 A 女这里得不到这种需求。

A 女在择偶这件事上，很重视稳定性，期待被呵护、被照顾。她们心里也会认为：太优秀的男性，身边肯定不乏美女，他们一定是自命不凡的，如果跟他们在一起，他们会觉得是自身吸引力大，是理所当然的，难有感激之情。况且，那么优秀的人，面临的诱惑也更多。

D 男的情况就不同了。D 男无比珍惜 A 女这样的"鲜花"，如果能跟她在一起，D 男会心存感激，这就满足了女人被重视、被欣赏、被呵护的需要，而这样的关系也更容易幸福美满。所以，D 男的放手一搏，往往就抱得美人归了。

在外人看起来不太般配的"鲜花牛粪"组合，虽然与传统的"男才女貌"有点相悖，但从心理学角度来解释，就很容易懂了。当然，人心万变，凡事都有例外。不是所有的"鲜花牛粪"都是美满的，也不是所有的"俊男靓女"组合都靠不住。婚姻是否幸福美满，不是由外表决定的，它只是其中的一个因素，更重要的还在于经营。

这里只是提醒大家，在择偶的时候，不要单看外表。遇到了优秀的对象，别被对方的外表吓退，要从双方的价值观、经济条件、受教育程度、社会关系等多方面进行考量。如果你是 D 男，大胆去追求喜欢的 A 女，只要你是真诚的，也可能有好的结局。如果你是 A 女，多点自信，敢于自我破解，也能实现相对较优的组合。

　　说到底，"鲜花"也好，"牛粪"也罢，在爱情的博弈里，每个人都要从自身实际出发，尽可能掌握对方更多的信息，并在此基础上发挥先动优势，主动出击。只有这样，才有可能找到属于自己的幸福。

CHAPTER 9

理性抉择：不被现实的洪流淹没

经济学之所以定义为科学，因为其有着客观的规律。能够通过推理演绎来探索和领悟基本经济学原理，它无需实验来证明，经济学原理是一种解读世界的方式，它有客观的规律，违背这种规律，一定会发生混乱。

——罗伯特·墨菲

就算不是网红，也得知道注意力经济

　　提起网红，几乎没有人不知道，很多年轻人甚至挤破脑袋都想跨进网红的行列。为什么网红的身份、头衔，令众人趋之若鹜，还掀起了一股疯狂的整容潮？就连各路商家、各大平台都会抢着让网红来推荐商品？看看网红接一个广告会有多少钱进口袋，一场直播能让商家卖出多少件商品，我们就能明白。

　　从经济学的角度来看，网红之所以赚得盆满钵盈，是因为这个群体吸引了大众的注意力，并且成功地将这些注意力贩卖了出去！这也是诺贝尔经济学奖获得者赫伯特·西蒙提出的"注意力管理"在现实中的直观呈现。

　　赫伯特·西蒙认为：随着信息的发展，有价值的不是信息，而是注意力。当公众接收信息时存在着消费，消费的正是他们的注意力。我们生活在一个由注意力经济构筑的信息环境中，注意力具有广泛的使用价值，这也使得它成为重要的资源和消费品。

　　如今，注意力形成经济，争夺眼球形成竞争，已成为不争的事实：从图文广告到短视频，从衣装打扮到吃播，无疑都在以吸引眼球和注意力的方式赚取流量。有流量就意味着有关注度，有关注度就意味着有变现的切入口。

　　当然，回归到现实生活中，并不是所有人都有机会成为网红，靠博取流量来赚钱。但是，这并不意味着注意力经济学对普通人而言毫无意义，它起码能够给我们带来两方面的启示：

启示一：注意力是稀缺的资源，你的一切价值都是你的注意力的产出

李笑来在《财富自由之路》里说道："和注意力相比，钱不是最重要的，因为它可以再生；时间也不是最重要的，因为它本质上不属于你，你只能试着和它做朋友，让它为你所用；而注意力才是你所拥有的最重要的、最宝贵的资源。所以，你必须把最宝贵的注意力全部放在你自己身上。这可能是人生中最有价值的建议——因为最终，你的一切价值，都是你的注意力的产出。"

无论是微博、抖音，还是各种游戏平台，最终要做的一件事就是吸引用户的注意力。当我们置身于信息泛滥的环境而不自知时，就会被困在信息的厚茧中：每天不断地接收烦杂的信息，担心自己被时代抛弃；一天不刷手机、不上网，就觉得无所适从，仿佛脱离了整个世界。可事实上呢？我们的注意力正在悄无声息地被这些信息占据、消磨，可支配的时间变得越来越少，有限的精力被大量无用的东西白白耗损。

社会发展到今天，我们享受到了互联网带来的便捷，同时也无法避免流量广告平台。就个人而言，如果想做成更多的事情，就要学会控制自己的注意力。在一个人的发展过程中，全神贯注、集中意念是至关重要的一件事。不珍惜注意力的人，终其一生都在被收割，很难获得有价值的产出。你专注于什么，决定了你拥有的经历，而你的经历决定了你的生活，你的生活又决定了你是一个什么样的人。

当你把注意力放在了收发邮件、开会、闲逛网页、刷抖音、追剧、玩游戏上时，用不了几周或几个月，你的生活里就会塞满你不想要的"经历"，而你却浑然不知。待到醒悟的时刻，往往已为时过晚，没有时间和

精力再去完成那些对自己有意义的事。

启示二：利用"注意力管理"吸引他人，让自己快速地壮大起来

两个年轻的女孩同时入职，年龄相当，学历不相上下，最初担任的都是文员工作。3 年后，女孩 A 从文员转到市场部做业务，拿出了漂亮的业绩，一路晋升为销售组长。女孩 B 依旧在文员的岗位上，虽然也做得兢兢业业，可始终就像是角落里可有可无的人，很少有人注意她。就连后来的新人，也因为处事干练，每天在办公室里给大家带来新奇的消息，人缘极好，深得领导赏识，被调到了总经办去做助理。女孩 B 想不明白，自己没有偷懒，也很敬业，为什么不能得到重用，也无法吸引众人的注意呢？

升职加薪是反映工作能力与成就最直观的标尺，那些能够平步青云的人，往往都是人群中的亮点。不夸张地说，他们在没有成功之前，就已经为自己创造了机会，通过自己的表现，引起了身边人的注意。至于加薪升职，只是这一过程的结果而已。

老板们在提拔员工时，总是会优先考虑那些给自己留下良好印象的人，如果你懂得运用"注意力管理"，在努力工作的同时，恰如其分地推销自己，脱颖而出的概率就变得很大。反之，如果你本身工作能力很好，可处事态度消极，很少主动接受挑战、展示自己的潜力，几乎没有引起过领导的注意，那么你被重用的概率就变得小很多。更糟糕的是，还随意消耗自己的注意力，成了净给别人帮忙的"滥好人"，致使自己的工作效率受了牵连，费力不讨好。

想在职场上赢得同事和领导的关注与赏识，需要了解如何在工作中运用注意力，在抓住他人视线的同时传达正向信息，比如：多参加集体活动，学会提出有新意的见解，在公司需要时挺身而出，竭尽全力把事情做

好……这些都是展示自己的机会。

深度工作是对注意力的珍视，也是让自己获得高价值的途径；展示自我，是吸引他人注意的方式，也是让自己获得赏识的方法。夺回对注意力的控制，就夺回了对人生的掌控权。

当你足够稀缺时，别人才会稀罕

一天，克尔姆城里的补鞋匠把一个顾客杀了，依照法律他当被判处绞刑。可是，当法官宣判他的罪行时，却有市民站出来为补鞋匠求情："尊敬的法官，被您宣传死刑的是城里的补鞋匠！我们只有他这么一个补鞋匠，如果您把他绞死，谁来为我们补鞋呢？"

克尔姆城的其他市民们一听，深觉有理，也异口同声地呼吁不要判处其绞刑。法官赞同地点了点头，说："你们说得对，我们只有一个补鞋匠，处死他对大家都不利。刚好城里有两个盖房顶的，就让他们其中一个替他去死吧！"

当然，这只是一个笑话，现实中无论是谁触犯了法律，都必须为之付出代价。不过，笑话中也蕴含着经济学的原理，那就是稀缺性，也可以称为不可替代性。同时，这个故事恰如其分地说明了专业人士的重要性：补鞋匠有着独一无二的技能，如同某个领域内的专家，如果少了他的存在，整个组织都会受到严重的影响。

央视主持人白岩松曾在中国农业大学的讲座上，给台下的年轻人提出了一个忠告："不管你将来从事什么职业，不管你从事职业的难易程度和薪酬水平如何，重要的是，你一定要成为这个职位上不可或缺的人。"想在职场中脱颖而出，成为老板最得力的左右手，成为企业里最有价值的员工，就要让自己具有不可替代性。当你足够稀缺时，别人才会稀罕你。

窦铁成是中铁一局电务公司的高级技师，他只有初中学历，但他有一份积极进取的精神，靠着自学掌握了大量的电力学知识，记下了 60 余本共百万余字的学习工作日记。他在工作的二十八年间，提出并实施设计变更 6 次，解决技术难题 52 个，排除送电运行故障 310 次，为企业节约成本及挽回经济损失 1380 万元，被公司里的人称为"电力专家"。

1979 年，23 岁的窦铁成实现了他的一个梦想：正式成为中铁一局电务公司的电力工人。当时，他暗自发誓：一定要做一名优秀的电工。第二年，他以优异的成绩考取了中铁局电力技术培训班，仅用了一年的时间，他就成了一名技术娴熟的电力工人。但他并未停下进取的脚步，而是朝着更高的目标前进，他要的不只是合格，还要知识渊博、技能高超。后来，窦铁成又自学了钣金工艺、机械制图、钳工技术、电磁学、电子技术、电机学、高数等。

窦铁成只是一名普通的电力工，可他凭借着高超的技能和丰富的经验，在二十八年间负责安装了 38 个铁路变配电所，且全部都是一次性验收通过、一次性送电成功。当时，他还对进口设备的合理性大胆地提出了质疑，并成功排除了变压器的故障，这让法国的专家都倍感意外，不禁赞叹："中国工人了不起！"

窦铁成不只是个人优秀，他带出的徒弟在陕西省电力工技能大赛上，包揽了全省的前三名，获得团体冠军。工作期间，他为企业培训 180 人，把自身的知识和技能毫无保留地传授给了 300 多名工友；他教出的徒弟中有 35 人成了技师，5 人成为高级技师，他也因此被大家尊称为"工人教授"。

现代职场的竞争是残酷的，企业为了保证利益不会容纳烦冗人员，老板们只愿保留那些最优秀、最有价值的人。在工作中，唯有具备独一无二的技能的员工，才能够在众人中脱颖而出，并得到老板的赏识和器重。当你对一个领域 100% 的精通时，要比对 100 个领域各精通 1% 强得多。当然，工作没有一劳永逸的事，也许今天的你已经无可替代，但要进入可持续发展的轨道，还要不断地精进，让自己拥有永远令人稀罕的价值。

跟短板死磕，不如发挥比较优势

美国经济学家保罗·萨缪尔森曾说："经济学中最优美的理论是比较优势。"从经济学的角度来讲，一个国家、一个地域、一个组织、一个人，要想寻求有效的生产和发展空间，都必须发挥比较优势。换而言之，就是要在优势最强的方向上创造最大的价值，以获取最大的利润。

很多人都会陷入一个怪圈，试图弥补自己的缺陷，希冀得到一个圆满。结果呢？越是努力，却越是受挫，最后距离圆满越来越远。这种跟短板"死磕"的做法，其实是得不偿失的。天才永远是少数，每个人或多或少都会存在一些短板和弱点，与其跟这些不足较劲，不如最大限度地发挥自己的比较优势。至于那些不足之处，只要加之控制，让其不影响优势发挥就可以了。只有选择做自己最擅长的，才有可能在最有优势的领域打造出核心竞争力。

那么，我们该怎样做才能够建立自己的优势人生呢？这里提供几条参考建议：

第一，识别自己的主导才干，有针对性地去获得相应的技能，并将其转化为优势。

有些人呢总是不断地学习各方面的技能，但却没有给自己带来多少实际效应，问题就出在缺乏针对性，没有发现自己的主导才干。比如，你对绘画很感兴趣，且具备这方面的才干，那你可以学习与绘画相关的技能，

如平面设计、绘本插画等

第二，识别自己的才干，留意自己学习新事物时的反应。

要认清自己是否真的具备某方面的才干，需要在平日里多观察，特别在接触和学习新事物时，一定要关注三点：渴望、学得快、满足。

有时我们对某一件事很感兴趣，对某一个职业很青睐，可能是出于好奇。遇到此类情况，要深入去了解事物的具体情况。全面了解一项新事物后，如果发现自己并不如一开始那么喜欢，也是很正常的，不必勉强。如果全面了解后，依然很渴望，那就值得一试，说明你对这个东西是真的有兴趣。带着这种兴趣，你可以学得更快，也更容易获得满足感。

第三，持续观察自己的行为和情感，聆听内心真实的声音。

找到自己喜欢的领域，是一件很幸运的事。然而，在找到之后能够坚持多久，又是一个问题。你要观察，自己在做这件事的时候，有多少成效？进步如何？做起来有多难？做的时候是否愉快？是否有成就感？如果没有外在的回报，你还愿意做下去吗？如果你的回答都是积极的、肯定的，那么这条路就是适合你的，能让你发挥出才干和潜能的。

选择不只是一种抉择，更是一种能力。这种能力，是对自己清晰的认知，知道自己能做什么、不能做什么，擅长做什么、不擅长做什么，喜欢做什么、不喜欢做什么。这种能力，是对直觉的判断，知道自己在哪方面最容易脱颖而出，在哪个领域最容易成为专才。所以，别再跟短板死磕了，把擅长的事做到极致，更容易实现较好的收益。

时间不可再生，会用的人是赢家

效率是经济活动的一个评价标准，也是经济学中最有吸引力的概念之一。资源的稀缺性，要求社会经济活动以最少的资源消耗取得最大的经济效果。对我们而言，时间是稀缺的资源，更是不可再生的资源，在有限的时间内，谁能够创造更多的价值，谁便可以获取更多的成就与财富，同时拥有高质量的生活。

不少人每天起早贪黑，12个小时待在办公室，看起来比任何人都忙，可效率却一点都不高，临近回家还觉得有一堆事情没处理完，感叹着时间都去哪儿了。这种所谓"忙碌"的状态，看似是没闲着，其实没多少效率，做的事情并不多。

为什么会出现这样的情况呢？拿破仑·希尔的这番话，足以回答此问题："利用好时间是非常重要的，一天的时间如果不好好规划一下，就会白白浪费掉，就会消失得无影无踪，我们就会一无所成。事实证明，成功和失败的界限在于怎样分配时间，怎样安排时间。"

时间是世上最公平的东西，它赋予每个人的分秒都是一样的，关键在于谁会利用。一个员工会不会利用时间，不是看他在工作时间内是否忙碌不停，做着形式上的努力，而是看他能不能让每一分、每一秒都产生最大的效益，在同样的时间内高质高量地完成任务。有时，我们也会看到有些人总是在上班时间就"轻松"地就搞定了工作，事情办得都很漂亮，很少加班，业绩却很出色。说到底，他们就是懂得时间管理的方法和技巧。

身为贸易公司主管的赵先生，在体检中查出患了心脏病，为了调养身体，他每天只能工作三四个小时。赵先生原来是一个工作狂，但身体的原因让他不得不改变过去的习惯，把每天的工作时间压缩。一段时间后，他惊奇地发现，这三四个小时所做的事情，在质量和效率方面，跟以前花费八九个小时做的事差不多，这让他很是震惊。分析了很久，赵先生终于意识到：工作时间被迫缩短，他只好高度集中精力，去攻克关键的任务。这些任务的完成，保证了他的工作效率和效能。

工作的效率，源自良好的工作方法，而非延长工作时间。所有的时间管理专家都不赞成为了完成工作任务而加班，那样会把工作的战线拉得越来越长。真正优质的工作方法，应当是提高时间利用率，这样不仅能保证工作高效地完成，还能从中享受到工作的乐趣，而不至于牺牲休息的时间。

时间管理大师哈林·史密斯曾经提出过一个"神奇三小时"的概念，即抓住早上5点到8点的黄金时间。如果晚上10点钟休息，早上5点钟起床，睡眠时间就是7个小时；如果在晚上12点钟睡觉，早上7点钟起床，睡眠时间也是7个小时，所以我们在这里提倡"早睡早起"，运用"神奇三小时"法则，战略性地调整一下休息和工作时间，在头脑清醒的时候做一些重要的事情。

金钱可以储蓄，经验可以积累，唯独时间不可以保留。要成为高效能人士，必须培养时间管理意识，唯有善于掌控时间，才能从"忙碌"中抽身，摆脱疲于奔命的状态。这个时代，谁善于掌控时间，谁就能拥有不一样的自由。

不要忽视小隐患，以免造成大危机

　　1963 年，气象学家洛伦兹正式提出"蝴蝶效应"，即在一个动力系统中，一个初始条件下微小的变化，就能带动整个系统的长期的巨大的连锁反应。假设在南美洲亚马孙河流域热带雨林中有一只蝴蝶轻轻地扇动翅膀，就会引起周围空气系统发生变化，并引起气流的产生，尽管力量很微弱，却会引起一连串的连锁反应，最终导致其他系统的极大变化。这一效应充分说明，初始条件的十分微小的变化，经过不断地放大，对其未来状态会造成巨大差别。

　　蝴蝶效应在经济生活中随处可见，1998 年亚洲发生的金融危机与美国曾经发生的股市风暴以及太平洋出现的"厄尔尼诺"现象，都是蝴蝶效应的体现。尽管发生的领域不同，可灾难性却是相同的。

　　1982 年 9 月到 10 月期间，美国强生公司生产的泰尔诺胶囊因为含有氰化污染物，导致 7 人死亡。这件事发生后，各大媒体争相报道，强生公司积极采取措施，全部收回并销毁 3000 万瓶泰尔诺胶囊，并检验了大约 800 万只胶囊，结果却仅发现了 70 只含有氰化污染物的胶囊。至此，强生公司已经付出了超过 1 亿美元的成本，事后又花费大约 3 亿美元来推销重新包装的胶囊，可谓是付出了巨大的代价。

　　2003 年 1 月 16 日，美国"哥伦比亚"号航天飞机升空后发生爆炸，飞机上的 7 名宇航员全部遇难，全世界都陷入了震惊之中。这场灾难性的事件不仅让美国的航天事业遭到重创，也让人类探索宇宙的步伐减缓了。

这一惨剧究竟是如何发生的呢？事后，调查结果显示：造成这一灾难的凶手，竟然是一块脱落的泡沫！原本，"哥伦比亚"号表面覆盖着2万余块隔热瓦，能够抵御3000摄氏度的高温，这是科学家们为了避免航天飞机返回大气层时外壳被高温熔化所专门设计的。1月16日，"哥伦比亚"号升空80秒后，一块从燃料箱上脱落的碎片击中了飞机左翼前部的隔热系统，宇航局的高速照相机精准地记录了全过程。

按照常理来说，美国航天飞机的整体性能和很多技术标准都是堪称一流的，可谁能想到，就这么一小块脱落的泡沫竟然轻易地就把价值连城的航天飞机摧毁了，还带走了无法用价值衡量的7条宝贵的生命！这说明什么？出现疏漏的细节，会变身"魔鬼"！

事故调查小组称，其实"哥伦比亚"号在飞行期间，工程师已经知道飞机左翼在起飞过程中曾经受到泡沫材料的撞击，可能会产生严重的后果，且当时有补救的办法。可这些安全细节并没有引起有关人员的重视，他们觉得"没关系""不要紧"，心存侥幸。然后，"哥伦比亚"号就带着问题上天了，最终机毁人亡，成为美国航天史上永远抹不去的阴影。

这也提醒我们，一点点不起眼的细微错误，可能会引发大的灾难。对于错误和隐患，无论它有多小，都不能听之任之，心存侥幸。很多时候，往往都是那1%的错误导致了100%的失败。你忽视细节，细节就会变成魔鬼，唯有养成想事想周全、做事做细致的习惯，才能让事情朝着好的方向发展，减少不必要的麻烦。